Cornelia Tomaschko

Mein Südschwarzwald

8 grad

Cornelia Tomaschko

Mein Südschwarzwald

Ehrlich und echt

8 grad verlag Freiburg

Inhalt

VORWORT

Zu Beginn ein Hinweis. Ein wichtiger Hinweis. Dies ist kein Reiseführer. Auch keine Bucketlist für den Südschwarzwald. Sie halten ein Lesebuch in ihren Händen. Eine Einladung, mit mir durch »meinen« Südschwarzwald zu streifen, sich mit mir an den gedeckten Tisch zu setzen, mit mir in den Wald einzutauchen und zwischen Weinreben wieder aufzutauchen. Sie ahnen vermutlich schon, dass es in diesem Buch viel um Genuss geht. Nicht nur um kulinarischen Genuss. Der Südschwarzwald ist in vieler Hinsicht eine reiche Region. Reich an Traditionen, Kreativität, Innovation, an Bergen, Seen und Flüssen, an Symbolen und Menschlichkeit. »Ehrlich und echt«, der Untertitel dieses Buches, sind die Wörter, die mir immer wieder einfallen, wenn ich in der Region unterwegs bin.

Und da sind noch zwei Wörter, die ich mit dem Südschwarzwald verbinde: offen und weit. Wie geht das zusammen mit tiefen Tälern und dunklen Wäldern? Sehr gut, das eine gehört zum anderen. Die tief eingeschnittenen Täler sind genauso Teil der Landschaft wie die lichten Weideflächen, die ausgedehnten Wälder sind ebenso typisch wie die kahlen Gipfel, von denen aus der Blick manchmal bis zur Schweizer Bergwelt und zu den französischen Vogesen reicht. In dieser Gegend schaut man aber nicht nur über die Grenzen, man überschreitet sie auch ganz selbstverständlich.

Der alemannische Dialekt macht die Verständigung zwischen den Menschen im Dreiländereck leicht. Doch wollen die Schwarzwälder überhaupt so viele Begegnungen? Sind es nicht eher stille Menschen, die dort im Gebirge wohnen? Ja und nein. Sie sind zwar keine Meister im Small Talk, aber für ein gutes Gespräch sind sie immer offen. Ein Gespräch, bei dem man sich mit Respekt begegnet. Mit dem gleichen Respekt pflegen sie auch die Traditionen ihrer Heimat und bewahren sie für die Zukunft. Mit dieser Haltung bewahren sie eine Kulturlandschaft, die für die meisten von uns ein Ort der Erholung ist. Wo wir hingehen, wenn wir Ruhe brauchen und diese im Wald, auf den Wiesen und am Wasser suchen und finden.

Auch in diesem Buch wandern wir unter Bäumen. Aber wir gehen auch aus dem Wald hinaus, zum Beispiel zu den Weinbergen des Markgräflerlands oder zu der uralten Kulturlandschaft im Taubergießen. Wir gehen dorthin, wo die Südschwarzwälder arbeiten, wo sie einkaufen und wo sie Cego spielen. Für dieses Buch habe ich sehr viel recherchiert und ausprobiert, aber Cego, dieses Urschwarzwälder Kartenspiel, kann ich noch immer nicht. Dafür habe ich die erste Kirschtorte meines Lebens gebacken. Lesen Sie selbst, was dabei herauskam.

Bei der Suche nach einem Backrezept für den Kuchen habe ich bemerkt, dass es nicht nur ein einziges gibt. Und sowenig wie es »die« Kirschtorte gibt, gibt es »den« Südschwarzwald oder »den« Schwarzwälder. In diesem Buch nehme ich Sie in »meinen« Südschwarzwald mit, so wie ich ihn ganz persönlich erlebe. Diese Gegend ist für mich seit vielen, vielen Jahren Herzensheimat. Die Arbeit an diesem Buch hat so viele schöne Erlebnisse und Bilder in mir wachgerufen, auch an meine Kindheit im Nordschwarzwald. Nehmen Sie es als Einladung, Ihre eigenen Erinnerungen an diese wunderbare Landschaft wach werden zu lassen. Oder Erinnerungen an

Ihre eigene Herzensheimat, die vielleicht weiter nördlich oder südlich auf dem achten Längengrad liegt – oder an einem ganz anderen Ort.

Cornelia Tomaschko,
Sommer 2023

WALD UND WÄLDER

Den »großen schwarzen Wald« wollte er sehen. Adem, unser Gastschüler aus der englischen Industriestadt Birmingham, verwurzelt in mehreren Nationen. Ein stiller Junge mit einer großen Sehnsucht nach Natur, nicht nur nach Wald, wie sich zeigen sollte. Adem den Wunsch nach dem »großen schwarzen Wald« zu erfüllen war kein Problem. Der »Black Forest« beginnt fast vor unserer Haustür. Hätte es den Nationalpark Schwarzwald damals schon gegeben, wären wir vielleicht im Nordschwarzwald geblieben und an die Schwarzwaldhochstraße gefahren. Zur Zeit von Adems Besuch bei uns wurde um diesen aber noch heftig gestritten. Wir fuhren mit unserem Gastkind in den Süden. Dort wollte ich ihm den für mich wahren, echten Schwarzwald zeigen, »meinen« Schwarzwald. Dass der Schwarzwald im Norden viel baumreicher, viel mehr »silva nigra« ist als der im Süden, ignorierte ich einfach. Auf den nährstoffarmen Sandsteinböden wachsen Bäume besser als Gras oder Gemüse und Salat. Auf einigen der Gipfel des Nordschwarzwalds stehen Türme, damit man über die ausgedehnten Wälder hinwegschauen kann. Im Süden dagegen schaffen Granit und Gneis die Grundlage für fruchtbare Böden, da lohnt Landwirtschaft. Die Landschaft ist offen und weit. Und genauso öffnet sich mein Herz, wenn ich durch eines der engen Täler auf die Höhe komme. Im Nordschwarzwald bin ich aufgewachsen, das ist mein Zuhause, aber meine gefühlte Heimat ist der Südschwarzwald.

Ich hoffte sehr, dass Adem ein wenig von dem spüren würde, was die Schwarzwaldlandschaft in mir weckt. Gleichzeitig meinte ich den Auftrag zu haben, den Gast von den Britischen Inseln zu einigen der Hotspots des »Black Forest« zu führen. Nach dem Freiburger Münster also zum Titisee, der bei vielen Touristen auf den vorderen Plätzen ihrer Bucketlist für den Schwarzwald steht. Bei Adem fiel der See gnadenlos durch. Ein kurzer Rundumblick genügte ihm. Das war nicht das, was er sich unter dem »Black Forest« vorgestellt hatte. Also weiter zum Feldberg, hoch auf den Seebuck. Auf dem kahlen Gipfel stand Adem zwar wieder nicht im »großen schwarzen Wald«, aber der Junge sah so viele Bäume um sich herum wie offensichtlich noch nie zuvor in seinem Leben. Er wurde noch stiller, als er es ohnehin schon war. Ich wollte ihn auf dies und das aufmerksam machen. Den Feldsee in der Tiefe, den Turm, den wir besteigen könnten, die Vogesen, die Schweizer Berge. Alles, was mich so begeistert, wenn ich auf dem »Höchsten« bin, wie die Schwarzwälder den Feldberg gerne nennen. Als ich mich umdrehte, saß Adem vor einer Kuh. Er schaute dem Tier tief in die Augen, beobachtete jede seiner langsamen, ausgeprägten Kaubewegungen. Adem hatte von all meinen Worten keines gehört, er war völlig in den Anblick des Tiers versunken. Ich setzte mich neben den Jungen und kam mit ihm ganz im gegenwärtigen Moment an. Wir saßen mitten unter zahlreichen fröhlichen Ausflüglern, die an diesem warmen Herbsttag auf den Feldberg gezogen waren, um die gigantische Fernsicht zu genießen. Irgendwann drehte die Kuh sich um und ging davon. Und wir wanderten auf dem Feldbergsteig in den »großen schwarzen Wald« hinein. Unser Gastkind war glücklich. Um das zu verstehen, brauchte es keine Worte.

»Heimat fühlen Menschen in der Natur«, schreibt der Glücksphilosoph Wilhelm Schmid in seinem Buch *Heimat finden*. Ich kenne dieses Gefühl. Es packt mich immer dann, wenn ich auf den Bergen des Südschwarzwalds stehe, in eine der Schluchten eintauche, an einem Bach zwischen alten Bäumen entlangwandere, die Gischt eines der imposanten Wasserfälle im Gesicht spüre oder auf einem bemoosten Baumstumpf an einem der stillen Weiher sitze. Klingt sehr idyllisch und so gar nicht nach Klimawandel und Waldsterben. Veränderungen, die natürlich auch vor dem Schwarzwald nicht haltmachen. Im Gegenteil. Sie sind gut sichtbar. Und spürbar, wie uns ein Spanier im Schatten der Bäume im Biergarten des Raimartihofs versicherte. Er schwitzte sehr nach seiner Wanderung auf dem Feldbergsteig. Eine solche Hitze hatte der Mann aus Südeuropa im Schwarzwald nicht erwartet, eher einen kühlen Sommerurlaub. Er habe sich offensichtlich das falsche Jahr ausgesucht, meinte er lachend. Allerdings betonen Meteorologen und Klimaforscher fast täglich, dass es in Zukunft immer häufiger solche »falschen« Jahre geben werde. Die Feuerwehrleute im Schwarzwald üben vermehrt, Waldbrände zu bekämpfen, da diese in den trockenen Jahren häufiger werden. Eine Gefahr, die bislang eher den Wäldern in Spanien, Frankreich und Italien drohte.

Der Wald wird sich wandeln, auch der Schwarzwald. Das hat er schon häufig getan, aber seit rund 300 Jahren sind wir Menschen an dieser Veränderung in erheblichem Maß beteiligt. Zunächst durch intensive Abholzung, dann durch Monokulturen und nun durch einen Klimawandel, den wir durch unseren Energiehunger herbeigeführt haben. Originale, ursprüngliche Wälder gibt es im Schwarzwald nur noch selten. Ein paar finden sich rund um den Feldberg. Dort schlagen Bergahorn, Weißtanne, Buche und Säulenfichte ihre Wurzeln. Diese Baumarten entwickeln sich, wenn man den Wald wachsen lässt, wie er wachsen will, beispielsweise in den Kernzonen eines Biosphärengebiets. Im Biosphärengebiet Schwarzwald mit rund 63 000 Hektar Fläche sind knapp 2100 Hektar als Kernzonen ausgewiesen. Dort wachsen diese naturnahen

Mischwälder. In diesen Zonen sind dann nochmals Gebiete ausgewiesen, in denen forstwirtschaftlich gar nichts geschieht, die Bannwälder. Sie sollen zu den Urwäldern von morgen werden, wie im »Napf«, dem höchstgelegenen Bannwald Baden-Württembergs, nordwestlich des Feldbergs gelegen. Wer eine Ahnung davon bekommen möchte, wie wild der Schwarzwald vor der Besiedelung im Mittelalter war, sollte sich in den Bannwald in der Wehraschlucht, südlich des Feldbergs, wagen. 17 Kilometer und rund 850 Höhenmeter sind zu bewältigen. Ursprüngliches Walderleben ist kein Sonntagnachmittags-Spaziergang. Der Wald, die Natur fordern uns. Natürlich ist das nicht vergleichbar mit dem, was die unerschrockenen Missionare des Mittelalters wie St. Trudpert im Münstertal bewältigen mussten, um einen Siedlungsplatz zu schaffen. Die Römer hatten den Schwarzwald eher gemieden. Sie bevorzugten die Randlage am Oberrhein mit den Quellen wärmenden Thermalwassers. Ich kann das gut verstehen. Aber in meinem sehr komfortablen Alltagsleben übt der unaufgeräumte Bannwald dennoch eine große Anziehungskraft auf mich aus. Auf dem Wanderweg über umgestürzte Baumstämme zu steigen, das üppige Leben im Totholz zu beobachten, andererseits aber auch zu respektieren, dass ich in manchen Gebieten nichts verloren habe, sondern dass dort nur die Natur sein darf, sind gute Erfahrungen für mich. Die Tatsache, dass die Natur uns Menschen nicht braucht, wir sie aber schon, zeigen uns die Bannwälder sehr deutlich.

In diesen absoluten Schutzzonen können wir also beobachten, was wächst, wenn wir nichts pflanzen und nichts roden. Doch welche Bäume werden diese Urwälder besiedeln, wenn es auf der Erde immer wärmer wird? Die Hochmoore des Schwarzwalds sind so etwas wie das Waldgedächtnis. Dort sind die Pollen jener Bäume konserviert, die vor 10 000 oder 5000 Jahren im damals noch namenlosen Schwarzwald standen. Vor 5000 Jahren hatten wir eine lokale Warmzeit.

Damals wuchsen Ulmen, Eichen und Linden auf den Höhen des Schwarzwalds, die derzeit nur in tiefen Lagen zu finden sind. Vielleicht werden sie in Zukunft wieder auf die Höhen hinaufziehen. Dann gäbe es auch mehr Frühling und mehr Herbst am Feldberg als heute. Die Hochschwarzwälder müssen mehr als drei Wochen länger als die Freiburger warten, bis die Bäume wieder grüne Blätter tragen, und im Herbst fast drei Wochen früher Abschied von den dann bunten Blättern nehmen. Dafür greifen die, die oben wohnen, häufig im Herbst und Winter bei satten Plustemperaturen zur Sonnenschutzcreme, während sich im Tal der Nebel staut und das Thermometer Minusgrade zeigt. Solche Tage mit Inversionswetterlage gibt es im Südschwarzwald überdurchschnittlich viele. Sie sind meine liebsten Tage. Oben am Feldberg zu stehen und auf die schneebedeckten Berge der Schweizer Alpen zu schauen, während im Rheintal der Nebel wie eine dicke Decke liegt, ist ein bisschen, wie über den Wolken zu fliegen und die grenzenlose Freiheit zu spüren, die Reinhard Mey besingt. Ein Lied, das nicht nur Flieger auswendig können. Am Belchen oder Hochblauen ist das Gefühl nicht anders, aber am Feldberg kann ich diese Tage auf dem Feldbergsteig genießen, einem meiner absoluten Lieblingswege im Südschwarzwald. Oder ich gehe an Tagen mit Inversionswetterlage den Panoramaweg von St. Märgen nach St. Peter und schaue hinüber zum »Höchsten«.

Beide Wege führen durch die typische Landschaft des Südschwarzwalds. Große, offene Ebenen und dichte oder lichte Wälder, die sich abwechseln. Ließe man überall die Bäume wachsen, wie sie wollen, dann wäre die gesamte Schwarzwaldlandschaft ein einziger Wald, abgesehen von den natürlich baumfreien Zonen wie Felsen, Moore und Lawinenbahnen, die es auch im Südschwarzwald gibt, beispielsweise am Zastler Loch. In den vegetationsfreundlichen Gebieten sorgen Rinder und Ziegen dafür, dass nicht alles zuwächst. Obwohl deren Zahl rückläufig ist, reicht der Hunger der Vierbeiner aus, um die Verbuschung aufzuhalten. 30 Prozent des Südschwarzwalds sind dank der Tiere offene Flächen, auf 70 Prozent wachsen Bäume. So leisten die Bauern mit ihrer Arbeit auch einen Beitrag dazu, die Landschaft, wie wir sie kennen, zu erhalten. Auch die kahlen Gipfel von Feldberg und Belchen, denn die natürliche Baumgrenze liegt bei 1600 Metern. Diese Höhe erreicht kein Schwarzwaldgipfel. Dass es zu den baumlosen Gipfeln kam, hat etwas mit uns Menschen zu tun. Mit der intensiveren Besiedelung der Region im Mittelalter rodeten Mönche, Handwerker und Bauern viele, viele Bäume. Sie bauten Häuser und Bergwerke, gingen ihrem Gewerbe wie Köhlerei oder Glasbläserei nach oder schufen Weidefläche fürs Vieh. Im 18. Jahrhundert war der Holzbedarf in Europa so groß und die Gelegenheit, endlich einmal Geld mit dem Wald zu verdienen, so verführerisch, dass Ende des Jahrhunderts zwei Drittel der Flächen im Schwarzwald baumfrei waren. Was noch blieb, waren eher Büsche als Bäume. Das Bild des Schwarzwalds, das wir heute kennen, ist also gar nicht so ursprünglich, wie wir das in unseren romantischen Vorstellungen gerne hätten.

Nach dem weitgehenden Kahlschlag suchten die Waldbesitzer Anfang des 19. Jahrhunderts den optimalen Baum zur Wiederaufforstung. Sie entschieden sich für die schnell wachsende Fichte statt für Tannen, Buchen und Eichen, die bis dahin charakteristisch für den Schwarzwald gewesen waren. Das beginnende 19. Jahrhundert war auch die Zeit, in der sich die Forstwirtschaft nicht mehr an alten Rechten orientierte, sondern gesetzlich geordnet wurde. Der Beruf des Försters entstand, die Waldbesitzer durften nur noch mit behördlicher Erlaubnis einschlagen. Dies kam alles andere als gut an. Das Badische Forstgesetz von 1833 setzte aus Sicht der Schwarzwälder dem Ganzen die Krone auf. Der Forst sollte vor dem Volk geschützt werden. Das Gesetz verbot den Menschen,

Brennholz im Wald zu sammeln. Auch durfte kein Vieh mehr im Wald weiden, damit die neu gepflanzten Bäume eine Chance hatten zu wachsen. Weideflächen, die unrentabel waren, wurden mit Bäumen bepflanzt. Um diese Jungwälder vor den Tieren zu schützen, wurden Gräben und Mauern gezogen, die das Vieh nicht überwinden konnte. Achten Sie mal beim Wandern auf diese Steinmauern im Wald. Zusätzlich zur Fichte setzten Waldbesitzer ab dem 20. Jahrhundert auch Lärchen und Douglasien. Auf unserer Terrasse liegen Bretter einer Douglasie aus dem Schwarzwald und schenken uns jeden Tag ein bisschen Heimat- und auch Urlaubsgefühl. Aber kann ein Baum, der sein natürliches Verbreitungsgebiet in Nordamerika hat und erst so kurze Zeit zum Schwarzwald gehört, diesen als Heimat symbolisieren? Wenn man davon ausgeht, dass dort, wo Heimat ist, alles bleibt, wie es ist, ganz sicher nicht. Da jedoch nicht alles bleibt, wie es ist, schon gar nicht im Schwarzwald, wo Heimat auf allen Gebieten immer wieder neu interpretiert wird, können auch Douglasienbretter aus dem Schwarzwald auf einer Terrasse ein Stückchen Heimat vermitteln. Vermutlich auch in Zukunft. Das gilt nicht für die Fichte. Eigentlich sind die Ansprüche der Rottanne, wie sie wegen ihrer Rindenfarbe auch genannt wird, gering. Es braucht wenig, damit diese Baumart sowohl gerade als auch schnell in die Höhe wächst. Das macht die Fichte sehr wirtschaftlich. Mehr als die Hälfte des Nutzholzes in Deutschland sind Fichtenstämme. Doch dem einstigen »Brotbaum« der Waldbauern im Schwarzwald wird es zu warm und zu trocken. Bei aller Genügsamkeit braucht die Fichte für ihr Wohlbefinden vor allem ein kühles Klima, das ihr der Schwarzwald viele Jahre bieten konnte. Die zunehmend trockenen und heißen Wetterlagen sind nichts für sie. Die Bäume, die schon aufgegeben haben, ragen braun und dürr wie Mahnmale Richtung Himmel. Die Wurzeln der Fichten liegen zu flach, um tiefer gelegene Wasserschichten anzapfen zu können. Durch diese

Art der Verwurzelung fallen die Rottannen bei Stürmen auch schneller um als andere Bäume. Sollten die Fichten wirklich komplett verschwinden, wird das einem Waldbewohner überhaupt nicht gefallen. Als unser Sohn Maximilian in der dritten oder vierten Klasse aus dem Schullandheim zurückkam, erzählte er mir begeistert vom Badischen Riesenregenwurm. Max konnte sehr fantasiereich erzählen, weshalb ich ihn in der damaligen Zeit immer fragte, ob eine Geschichte für die Zeitung (wahr) oder fürs Märchenbuch (erfunden) sei, denn von einem Badischen Riesenregenwurm hatte ich bis dato nichts gehört. Dabei gehört er zu den Ureinwohnern im südlichen Schwarzwald. Er lebt dort seit dem Ende der Eiszeit. Nun lernte ich durch Max den »Lumbricus badensis« kennen. Mehr als 30 Zentimeter misst der überdimensionierte Regenwurm, und wenn er sich ausstreckt, schafft er es auf mehr als einen halben Meter Länge. Wie jeder Wurm wohnt auch der badische unterirdisch. Bis zu zwei Meter tief reichen seine Wohnröhren in den Boden. Da der Ringelwurm erst am Abend frisst, machten sich die Kinder in der Dämmerung auf die Suche. Durch Klopfen lockten sie ihn aus dem Boden, allerdings nicht ganz. Beim abendlichen Mahl bleibt etwa ein Drittel der stattlichen Wurmlänge im Boden. Wer so groß ist, wiegt in der Regel auch ein bisschen mehr. Zwischen 30 und 40 Gramm bringt der Badische Riesenregenwurm auf die Waage, was dem fünffachen Gewicht eines gemeinen Regenwurms entspricht. Dem Großen gefällt es gut in den relativ sauren Böden der Fichtenwälder. Da der gemeine Regenwurm diese eher verschmäht, hat der Riesenwurm das Revier ganz für sich allein.

Das heißt, solange es noch Fichtenwälder im Schwarzwald gibt, denn ein Baum, der so sehr gestresst ist durch Hitze und Trockenheit wie die Fichte, hat nur wenige Abwehrkräfte. Das nutzt der Borkenkäfer, um unter der Rinde seine Brutgänge anzulegen. Halten Sie mal Ausschau nach einem Stück Fichtenrinde am Boden, das auf seiner Rückseite so ein typisches Muster zeigt, das mich an Farnblätter erinnert. Das werden Sie auch in Ihrem Wald finden, dafür muss niemand in den Schwarzwald fahren. Bei diesem Muster war ein ganz bestimmter Borkenkäfer am Werk, der Buchdrucker. Rund 6000 Borkenkäferarten gibt es weltweit, aber nur der Buchdrucker bohrt solche Brutgänge. Solange nur ein paar der Käfer der Fichte zu Leibe rücken, passiert ihr nicht viel. Wenige Käfer wehrt der Baum mit Harz ab, giftigem und klebrigem Harz. Allerdings können die Buchdrucker Bestandteile des Harzes in Duftstoffe umwandeln, die allen anderen signalisieren, dass hier eine sehr attraktive Brutstätte wartet. Für die Fichte das Todesurteil. Steht sie in einer Monokultur, was die Regel sein dürfte, fühlen sich die Borkenkäfer wie im Paradies, und den Waldbesitzern stehen die Haare zu Berge. Nicht immer können sie eine weitere Verbreitung des Käfers aufhalten, indem sie die befallenen Bäume aus dem Wald holen. Ich habe den Eindruck, dass ich jedes Jahr mehr dürre Fichten sehe, nicht nur in den Kernzonen der Schutzgebiete. Dort ist es Programm, dass die Natur machen darf, was sie will. In diesen Gebieten freuen sich Biologen eher über das tote Holz, das für so viele Tiere und Kleinstlebewesen die Lebensgrundlage ist. Totholz ist auch eine von mehreren Voraussetzungen, damit Waldbesitzer Fördergeld für klimaangepasstes Waldmanagement vom Bund bekommen. Vor allem aber sollen heimische Bäume gepflanzt werden, deren Bedürfnisse zum Standort passen. Und zwar nicht in Monokultur, sondern in möglichst abwechslungsreichen Mischwäldern. Da würden viele Waldbesitzer noch mitgehen, aber dass sie 5 Prozent ihrer Fläche für die Dauer von 20 Jahren stilllegen sollen, geht einigen dann doch zu weit. Der Wald ist ein sehr emotionales Thema, nicht nur in romantisch-verklärender Hinsicht, auch unter wirtschaftlichen und ökologischen Aspekten. Da wird so heftig gestritten wie sonst vielleicht nur noch zum Thema

Wiederkehr der Wölfe im Schwarzwald. Zum Glück spüre ich davon nichts, wenn ich im Wald tief durchatme und den Alltag hinter mir lasse oder wenn ich das Leben im Totholz beobachte.

Nehmen Sie sich doch auch mal Zeit für so ein vermeintlich totes Stück Holz. Je länger Sie da einfach rumsitzen, desto mehr werden Sie sehen. Das ist zumindest meine Erfahrung. Diese emsige Wuselei unzähliger Tierchen lässt mich erleben, wie in der Natur alles mit allem zusammenhängt. In diesem Gefüge ist der Borkenkäfer einerseits Schädling, andererseits wichtige Nahrung für den Dreizehenspecht, der sich auf die Larven des Käfers spezialisiert hat. 100 Jahre war der Vogel am Feldberg verschwunden, da es keine Borkenkäfer gab. Jetzt ist der Specht mit der gelben Kopfzeichnung wieder da. Er ist es auch, der die Rindenstücke mit der markanten Zeichnung auf den Boden fallen lässt, wenn er sein Futter freilegt. Da der Dreizehenspecht nicht besonders scheu ist, könnten Sie durchaus einen bei Ihren Streifzügen im Südschwarzwald entdecken. Schauen Sie sich um. Und wundern Sie sich nicht, wenn Sie dabei ein Rudel Gämsen einen der steilen Wiesenhänge, wie beispielsweise im Münstertal, hinaufjagen sehen. Zwischen 1935 und 1939 wurden 21 Tiere aus Österreich im Schwarzwald ausgesetzt, eigentlich um das Verhalten der Gämsen zu beobachten. Der Zweite Weltkrieg setzte dem Forschungsvorhaben ein hartes Ende. Unbeobachtet vermehrten sich die Tiere schnell in dem steilen und felsigen Gelände.

Während die Gämsen gezielt angesiedelt wurden, leben Auerhuhn und Auerhahn am Feldberg in ihrer angestammten Umgebung. Der größte Waldvogel Europas bevorzugt lichte, strukturreiche Wälder in Regionen über 1100 Meter Höhe mit vielen Nadelbäumen. Auf dem Boden sollten Heidelbeersträucher wachsen, denn Heidelbeeren sind seine Lieblingsspeise. Das alles kann der Feldberg bieten. Deshalb wundert es nicht, dass sich mit etwa 600 Individuen am

»Höchsten« die größte Population von Auerhähnen außerhalb des Alpenraums niedergelassen hat. Aber es werden auch nicht mehr. Und das, obwohl der Vogel, der europaweit vom Aussterben bedroht ist und deshalb auf der Roten Liste steht, im ältesten, größten und höchstgelegenen Naturschutzgebiet Baden-Württembergs eigentlich beste Lebensbedingungen hat. Vermutlich ist den Auerhühnern der Berg mit den vielen Touristen zu unruhig. Sie leben im übertragenen Sinn lieber auf dem Dorf als in der Großstadt. Die Unruhe ist nicht nur während der Balzzeit ein Thema. Im Winter brauchen Auerhuhn und Auerhahn ungestörte Räume zur Regeneration. Für Skifahrer:innen sind deshalb Waldgebiete am Feldberg tabu.

Nicht nur Tiere müssen vor uns Menschen geschützt werden, auch Pflanzen. Wie schön wäre es, an einem heißen Sommertag im Feldsee vor der hoch aufragenden Felswand zu baden. Aber das geht nicht. Etwa eineinhalb Meter unter der Wasseroberfläche wächst nämlich das stachelsporige Brachsenkraut. Das heißt wirklich so und kommt in Mitteleuropa nur noch im Titi- und Feldsee vor. Da das schnittlauchartige Gewächs, das es schon vor Millionen von Jahren auf der Erde gab, sehr leicht bricht, ist der Feldsee fürs Baden gesperrt. Nicht leicht zu erklären, wenn man mit verschwitzten Kindern unterwegs ist, die sich nichts sehnlicher wünschen als eine Abkühlung. Mit Klettern kann man sie auch nicht ablenken, da rund um den Feldsee, wie überhaupt am Feldberg einige geschützte Pflanzen wachsen, vor allem solche, die es sonst nur im Alpenraum gibt. Ihnen gefällt es in den Lawinenbahnen wie beim Zastler Loch, auf den Felsen und auf den windgepeitschten Bergrücken. Solche alpinen Lebensbedingungen bietet auch der Belchen, dessen felsige Südseite Ende Juni von den Blüten der Alpenheckenrose gefärbt wird.

Ob das schon zur Zeit der Kelten so war? Der Schwarzwälder Belchen soll Teil ihres Sonnenkalenders gewesen sein.

Der Name »Schwarzwälder Belchen« ist wichtig für die Differenzierung im Belchensystem, da es auch in der Schweiz und im Elsass einen Belchen gibt, die Belchenflue und den Ballon d'Alsace. Letzterer gilt als Zentrum des Bergsystems. Allerdings sind das noch immer nicht alle Belchen. Grand Ballon und Petit Ballon in den Vogesen gehören ebenfalls dazu. Bislang stand ich noch nie am 21. März oder 23. September auf dem Ballon d'Alsace, um die Sonne aufgehen zu sehen. An diesen Tagen, an denen Tag und Nacht gleich lang sind, taucht die Sonne vom elsässischen Berg aus gesehen genau über dem Schwarzwälder Belchen auf. Und geht vom Schwarzwaldberg aus gesehen an diesen Tagen genau über dem Ballon d'Alsace unter. Am kürzesten Tag des Jahres, dem 21. Dezember geht die Sonne vom Ballon d'Alsace aus gesehen hinter der Belchenflue auf und am längsten Tag, dem 21. Juni, hinter dem Petit Ballon. All das sollen die Kelten bereits erkannt und für ihren Sonnenkalender genutzt haben.

Ich bin ja mehr der Mensch für die untergehende als für die aufgehende Sonne. Das hat etwas mit der Uhrzeit zu tun, vor allem im Sommer. Obwohl ich immer wieder feststelle, dass es sich absolut lohnt, wenigstens ein paar Mal im Jahr früh aufzustehen, um die Sonne zu begrüßen, genieße ich doch lieber ihre Untergänge als ihre Aufgänge. Besonders gut ist mir eine Wanderung zum Sonnenuntergang auf den Schwarzwälder Belchen in Erinnerung. Wir rechneten an jenem 31. Oktober mit herbstlichen Temperaturen und klarer Sicht. Es war dann eher sommerlich warm und etwas trüb, aber der Sonnenuntergang war dennoch ein großes Erlebnis. Langsam wurden die Farben des Herbstwaldes fahler, im milden Abendlicht zeigten sich die Berge des Schwarzwalds in unendlich vielen Grautönen. Diese Vielfalt der Farbe Grau fasziniert mich immer wieder von Neuem. Gleichzeitig leuchtete der Himmel im Westen zuerst rot und dann in immer hellerem Gelb. Auf dem Gipfel wurde es mit der schwindenden Sonne dann doch langsam kälter, bis es richtig kalt war. Wir durften uns noch ein wenig im Belchenhaus aufwärmen, dem höchstgelegenen Gasthaus Baden-Württembergs, bevor es mit Fackeln bergab ging. Kaum waren wir im Windschatten angekommen, war es wieder frühlingshaft. Am nächsten Tag schneite es das erste Mal in jenem Jahr.

Wir zogen weiter Richtung Süden, in den Hotzenwald. Tief im Süden spielt Wasser, das dritte der drei »W«, die den Südschwarzwald charakterisieren, neben Wäldern und Weiden eine besonders große Rolle. Die Flüsse Wiese, Wehra, Murg, Alb und Schlücht haben tiefe, teilweise sehr enge Täler ins Gebirge eingegraben. Es sind aber nicht spektakuläre Wasserfälle wie weiter nördlich in Triberg oder Todtnau, die typisch für den Hotzenwald sind, obwohl es natürlich auch dort Wasserfälle gibt. Eher sind es die Wasserkraft und Naturgewalt der Flüsse, die Ergiebigkeit sprudelnder Quellen und die Bedeutung der Hochmoore für unser Klima. Wasserkraft, wie sie die Wiese mit ihrem starken Gefälle ganz im Westen der Region liefert, war Voraussetzung für die dortige industrielle Entwicklung ab dem 19. Jahrhundert. Mehrere Hundert Jahre bevor Maschinen mit Energie aus dem Wasser angetrieben wurden, setzten die Flüsse bereits Blasebälge und Schmiedehämmer sowie Mühlen aller Art in Gang. Wenn der Fluss zu weit weg war, bauten die Handwerker Wuhren, künstliche Kanäle, die mit geringem Gefälle das Wasser dorthin leiteten, wo es gebraucht wurde. Eine absolute Besonderheit des Hotzenwalds. Im Frühjahr trugen diese Kanäle dazu bei, dass die Schneeschmelze auf den Wiesen früher einsetzte. Das fließende Wasser in den Wuhren taute den Schnee quasi von unten her auf. So konnten die Bauern ihr Vieh vier bis sechs Wochen früher auf die Weide schicken. Die Entscheidung, wo ein Hof gebaut werden sollte, war ebenfalls vom Wasser abhängig. Nur dort, wo eine Quelle war, bauten die Bauern ihre Hotzenhäuser, in denen sie mit den Tieren unter einem tief gezogenen Walmdach wohnten. Zu großem Wohlstand kam am Ende keiner von ihnen, denn durch die Realteilung, bei der die Erbberechtigten alle gleich viel bekommen, wurden die Grundstücke immer kleiner. Irgendwann ernährten die Kleinstflächen das Vieh nicht mehr, für wirtschaftlichen Ackerbau war die Fläche nicht nur zu klein, sondern auch wenig geeignet. Die Ernte reichte fast nur für die Selbstversorgung. Die Menschen verarmten. In den 50er-Jahren des vorigen Jahrhunderts legte das Land Baden-Württemberg gar ein »Hotzenwald-Programm« auf, um die Region an Standards heranzuführen, die andernorts schon längst üblich waren, wie einheitliche Trinkwasserversorgung, Abwassernetze und Straßenbau. Ein Förderprogramm, das gleichzeitig neue Arbeitsplätze im Handwerk schuf. Die Hotzenwälder sind heute auf der Höhe der Zeit. Die naturbelassene Landschaft mit Hochebenen, tiefen, bewaldeten Tälern und Hochmooren ist für die Erholung suchenden Menschen unserer Tage sehr attraktiv geworden. Man kann einiges lernen im Hotzenwald, auch, dass die Natur den Menschen immer wieder Grenzen setzt. Die Straße durchs Albtal ist seit einem massiven Felssturz im Jahr 2015 gesperrt. Wann die Straße wieder befahrbar sein wird, ist derzeit nicht klar. Auf alle Fälle nicht vor 2031/32.

»Hochfahren und weg sein«, hat mir mal jemand seine Leidenschaft für den Hotzenwald erklärt. Mehr sollte man dort oben auch nicht erwarten, aber das ist andererseits schon ganz schön viel. Wer sich für Moore interessiert, findet im oberen Hotzenwald zwischen Todtmoos und Ibach gar ein kleines Paradies. Viele der Gebiete stehen unter Naturschutz. Eines der höchstgelegenen Moorgebiete im Hotzenwald ist das Kohlhüttenmoos nördlich von Ibach, ein Hochmoor. Die Klassifizierung hat allerdings nichts mit seiner Lage in 1045 Meter Höhe zu tun, sondern mit der Art dieses Moors. Hochmoore heißen auch Regenmoore, da sie ausschließlich von Regenwasser versorgt werden. Im Gegensatz zu den

Niedermooren haben sie keinen Zugang zum Grundwasser. Gut, dass es im Hotzenwald häufiger mal regnet, denn für unser Klima sind die Moorflächen von großer Bedeutung, da sie erhebliche Mengen CO_2 binden. Heute denkt niemand mehr daran, die feuchten Gelände trockenzulegen wie früher für den Torfabbau. Im Südschwarzwald helfen die Moorflächen nicht nur, die Luft reinzuhalten, sie sind auch Orte, an denen man komplett vom Alltag abschalten kann. Sich einfach mal auf den weichen, elastischen Boden konzentrieren und alle Schauermärchen von Moorleichen vergessen.

TOURISMUS UND WINTERSPORT

So ganz verstanden die Schwarzwälder Bauern anfangs nicht, was die Leute aus der Stadt bei ihnen suchten. Immer mehr Wandervögel, nicht nur Studenten aus Freiburg, zogen aus den Tälern auf die Schwarzwaldhöhen, streiften durch die Wälder und baten bei den Bauernhöfen um ein Vesper oder ein Nachtlager. Nach diesen ersten »Fremdi«, die noch zu Fuß kamen oder auf Pferdefuhrwerken mitfuhren, reisten ab 1873 mit der Schwarzwaldbahn über Offenburg und ab 1885 über die Bahnstrecke von Freiburg durchs Höllental immer mehr Touristen in den Südschwarzwald. Nicht jeder Einheimische freute sich über die vielen Menschen und bezeichnete sie etwas spöttisch als »Luftschnapper«. Am Kachelofen in der guten Stube schimpften sie über die Unruhe, die sich überall breitmachte, auch beim Sonntagsfrühschoppen im Wirtshaus nach dem Kirchgang. Andere entdeckten Chancen, die mit den Gästen zu ihnen kamen. Fremdenzimmer wurden auf einem Zettel am Gartenzaun angeboten. Für die Gäste, die im Winter zum Skifahren kamen, ließ man sich etwas einfallen, um ihnen den Anstieg für die Abfahrt zu erleichtern. Der Tourismus ist heute ganzjährig ein wichtiger Wirtschaftszweig im Südschwarzwald.

Das war nicht immer so. Bis zu den 60er-Jahren des vorigen Jahrhunderts vielleicht schon, aber dann lockten die Strände in Italien und Spanien mehr als die von Titisee und Schluchsee. Der Fotograf Willi Pragher dokumentierte die touristische Blütezeit der 50er- und 60er-Jahre auf unzähligen Schwarz-Weiß-Fotos. Auf einem dieser Bilder lachen Frauen vor einem riesigen Heuhaufen in die Kamera. Sie sitzen in jenen tückischen Holzliegestühlen mit Stoffbespannung, die ich selten aufbauen kann, ohne mir einen Finger zu klemmen. Das ging wohl auch anderen so. Pragher beobachtete mit der Kamera, wie drei junge Männer wenig erfolgreich auf der Wiese vor einem Schwarzwaldhaus versuchten, aus der zusammengeklappten Konstruktion einen bequemen Liegestuhl zu zaubern. Keine Szene war dem international renommierten Fotografen zu alltäglich, um sie nicht abzulichten. Die Fotos aus seinem Nachlass nehmen uns unmittelbar mit in vergangene Zeiten. Pragher stammte aus Berlin, ließ sich aber nach Krieg und Gefangenschaft in Freiburg nieder. Auch unsere Familie hätte er Mitte der 60er-Jahre auf seinen Streifzügen treffen können. Beispielsweise am Titisee. In unserem VW Käfer 1200, Farbe seeblau, waren wir auf der Autobahn unterwegs Richtung Freiburg. Die Fahrt wollte und wollte kein Ende nehmen. In meinem pastellfarbenen Sonntagskleid mit Faltenrock saß ich auf der Rückbank zwischen Mutter und Großmutter. Schon auf der Höhe von Offenburg, gerade mal 70 Kilometer von zu Hause entfernt, langweilte ich mich. Oma versuchte, meine Unruhe mit Butterbrot und hartgekochtem Ei zu besänftigen. Das half nur vorübergehend. Als wir in Freiburg an der Dreisam entlangfuhren, erzählte sie mir vom Höllental und von einem großen Hirsch, der weit oben auf dem Felsen stehe. Ich sollte gut aufpassen, damit ich ihn auch wirklich sähe. Keine einfache Aufgabe, wenn man sich an die Größe der Fenster eines VW-Käfers erinnert. Aber ich hatte eine

Aufgabe und entdeckte die Statue auch tatsächlich. Die Geschichte, dass an dieser Stelle ein Hirsch auf der Flucht vor einem Jäger über das Tal gesprungen sein sollte, wollte ich aber nicht glauben. Das Höllental war doch viel zu breit, als dass ein Hirsch darüberspringen konnte. Ich bedachte nicht, dass der Hirsch zu einer Zeit gesprungen war, als sich noch keine Autos durch das Tal schoben. Der Höllenpass, wo das Tier in seiner Not geflüchtet sein soll, ist nach wie vor die engste Stelle im Höllental, aber Straßenbauer haben so viel Fels weggesprengt, dass heute zwei moderne Lastwagen gut aneinander vorbeikommen. Die Sage erzählt, dass der Hirsch zwischen dem 14. und 16. Jahrhundert seinen tollkühnen Sprung gewagt habe, also lange vor Erfindung des Autos. Das erste Denkmal für das Tier in Todesangst war ein Geschenk für Großherzog Friedrich von Baden und seine Gattin Luise von Preußen zur Hochzeit im Jahr 1856. Es war aus Holz und verwitterte schnell. 1874 kam der nächste Holzhirsch an die Sprungstelle. Kurze Zeit später zerstörte diesen ein Sturm. 1887 erschien der letzte Holzhirsch 130 Meter hoch über dem Tal. Er stand bis 1904. Drei Jahre später hatte eine Gruppe von Hirsch-Freunden genügend Geld gesammelt, um das Denkmal in Bronze gießen zu lassen. Zweieinhalb Meter hoch und 350 Kilogramm schwer konnte diesen Hirsch so schnell nichts umwerfen. Er blieb tatsächlich mehr als 100 Jahre stehen, musste aber einige Blessuren erleiden und »Verschönerungen« ertragen. Die vielen Einschuss- und Austrittslöcher von Projektilen, die vermutlich zu Kriegsende und in den ersten Nachkriegsjahren abgefeuert worden waren, fingen an zu rosten. Ein Bein war angesägt, fünf Farbschichten lagen über dem Bronzefell. Also bekam der Hirsch im Sommer 2010 eine intensive Behandlung und stand bereits im Herbst wieder an seinem Platz. Ein paar Monate später leuchtete er in Grün und Rot. Bei der baden-württembergischen Landtagswahl hatten Grüne und

SPD die Mehrheit errungen, was erneut einen oder mehrere Hirsch-Künstler inspirierte. Zwischenzeitlich trug das Bronzemonument noch andere Farben und eine Zeit lang sogar Flügel. Das Kulturdenkmal auf dem Felsen legt immer wieder neue Formen der Kreativität bei den Menschen frei.

Mitte der 60er-Jahre, als ich zwischen Mama und Oma an dem Hirsch vorbeifuhr, wagte man solche künstlerischen Experimente im Schwarzwald noch nicht so häufig, und die Einschusslöcher sahen wir unten im Tal nicht. Über meinen Grübeleien, wie ein Hirsch diese Distanz überwinden konnte, waren wir am Titisee, unserem Ziel, angekommen. Dort hätte uns der international renommierte Schwarzwald-Fotograf Pragher in einer für Touristen sehr typischen Situation ablichten können. Meine Großmutter und ich standen in einem Souvenirladen. Ich durfte mir eine kleine Erinnerung an unseren Ausflug aussuchen. Zwischen Schwarzwaldpüppchen und Wetterhäuschen, Schnapsgläsern in Stiefelform mit dem Titisee als Motiv am Schaft und Kuckucksuhren suchte ich den Hirsch aus dem Höllental als Miniatur, fand aber keinen. Dafür einen »Fernseher«. Das war damals ein wichtiges Thema für mich. Meine Großeltern hatten bereits ein Schwarz-Weiß-Gerät, meine Eltern noch nicht und sie waren damals, im Gegensatz zu mir, auch noch nicht davon überzeugt, dass sie einen Fernseher brauchten. In späteren Jahren sollte sich das grundlegend ändern. Ich wählte also einen »Fernseher«. Das war ein kleiner Quader aus Plastik, vorne mit einem nachempfundenen Bildschirm. Darunter stand, welches Programm man sehen konnte. Bei mir war das »Titisee«. Hinten an der Plastikkiste war ein Fensterchen, durch das ich die »Fernsehbilder« sehen konnte. An der Seite musste ich ein Hebelchen drücken, damit das nächste Bild erschien. Der Hirsch aus dem Höllental war auch dabei. Trotz aller Warnungen meiner Mutter nahm ich zu Hause das Souvenir mit zum Spielen auf die Straße, um es meinen Freunden zu zeigen. Das hielt das Gerät nicht lange aus. Sand blockierte den kleinen Hebel, und als das Kistchen runterfiel, zersprang es in viele, viele Teile. Ich habe mir nie mehr ein solches Plastiskop gewünscht.

Wir waren nicht die Einzigen, die damals für einen Tag in den Schwarzwald fuhren. Viele nahmen eine Anfahrt von zwei Stunden und länger in Kauf, um eine Runde um den Titisee zu drehen oder sich bei den Triberger Wasserfällen nass spritzen zu lassen. Andere kamen für drei Wochen, um ihren Jahresurlaub in Deutschlands größtem Mittelgebirge zu verbringen. Vor allem für Menschen aus dem Ruhrgebiet war der Schwarzwald ein sehr attraktives Ziel. Wer kein Auto hatte, kam mit der Bundesbahn, die direkte Zugverbindungen von Essen und anderen Industriestädten in den Wald anbot. »Früher waren wir jedes Jahr mit den Eltern im Schwarzwald.« Diesen Satz habe ich schon so oft gehört, wenn ich in Deutschland unterwegs war. Der Urlaub im Gebirge bedeutete Abenteuer, Freiheit und für viele einfach saubere Luft, gerade für Menschen, die im Kohlerevier wohnten. Vielleicht führt diese Sehnsucht nach den glücklichen Kindertagen den einen oder anderen heute wieder in den Schwarzwald. Selten jedoch für drei Wochen, eher für drei Tage. Das ist die Zeit, die die meisten Touristen für den Trip ins Mittelgebirge einplanen, gleich ob sie aus der Nähe kommen wie aus der Schweiz und dem Elsass oder aus China, Indien oder den arabischen Staaten. Ja, der Schwarzwald-Tourismus ist international geworden. Oder war er das vielleicht schon immer? In den 1920er-Jahren brachte der Baedeker-Verlag den ersten Band zum Schwarzwald auf den Markt, auch in fremdsprachigen Ausgaben. Die Nähe zu Frankreich und der Schweiz wertete die Region für das internationale Publikum auf. Der britische Reiseanbieter Thomas Cook organisierte Pauschalreisen zum »Black Forest«. Ein Werbeplakat des Grafikers Willy Dzubas aus den 20er- oder

30er-Jahren für den Schwarzwald zeigt einen Dampfzug, der im Abendlicht über die Ravennabrücke fährt, darunter eine Schwarzwaldmühle vor Tannen und Felsen. Der Text verspricht: »Illustrated Booklets and Information free from all Tourist Agencies.«

Die ersten Kurgäste vor rund 150 Jahren waren weniger durch Werbeplakate als durch die Erzählungen von Familie, Freunden und Bekannten auf den Schwarzwald aufmerksam geworden. Fast von Anfang an kamen die Erholung Suchenden auch im Winter. Ernst Köpfer saß 1890 in der Schule in Bernau, als der Lehrer die Kinder auf Norweger aufmerksam machte, die draußen vor dem Fenster mit Skiern vorbeizogen. Ernst folgte nach dem Unterricht den Spuren im Schnee und sah sich die Holzbretter genauer an. Solche Latten musste er doch auch in der Werkstatt seines Vaters herstellen können. Das älteste Paar Ski aus der Köpfer'schen Werkstatt, das noch erhalten ist, hat Ernst im Jahr 1892 gefertigt. Der Bernauer produzierte als Erster im Schwarzwald Skier in Serie. Seine Marke Feldberg wurde weithin bekannt für Schwarzwälder Handwerksqualität. Köpfer erkannte, dass die langen Holzbretter nicht nur Sportgeräte waren, sondern dass sie auch den Alltag im Schwarzwaldwinter sehr erleichtern konnten. Zu den ersten Kund:innen gehörten vor Ort Briefträger, Hebamme, Landarzt, Förster und Metzger. Letzterer fuhr damit zu Hausschlachtungen auf den Höfen. Zuvor nutzten sie alle Schneeschuhe, aber mit den Skiern waren sie eindeutig schneller. Einer jener Postler, der im Winter mit Allweg-Brettern seinen Dienst tat, wurde 1960 Olympiasieger in der Nordischen Kombination und brach damit als erster Mitteleuropäer die Vorherrschaft der skandinavischen Sportler:innen in dieser Disziplin: Georg Thoma aus Hinterzarten, der sich auch als Skispringer international einen Namen machte. An den vier Schanzen im Adler-Skistadion seines Geburtsorts Hinterzarten trainieren Skispringer und Kombinierer das ganze Jahr über. Nationalmannschaften mehrerer Länder nutzen den Olympia-Trainingsstützpunkt im Südschwarzwald. Im Sommer fahren die Skispringer allerdings nicht auf Kunstschnee, sondern auf Keramikkacheln an, die mit Wasser benetzt sind, und landen auf bewässerten Plastikmatten. Im Nordic-Center Notschrei, einem Bundesstützpunkt des Deutschen Skiverbandes, trainieren die Athleten ebenfalls ganzjährig. Im Sommer auf Skirollern.

Zurück zur Geburtsstunde des Skisports im Schwarzwald. Sie wird nicht jenen norwegischen Gästen zugeschrieben, die Ernst Köpfer in Bernau beobachtete, sondern dem französischen Diplomaten Dr. Robert Pilet. Er hatte Skier von einer Reise nach Norwegen mitgebracht und fand offensichtlich, dass der Feldberg ein gutes Gelände sei, um diese auszuprobieren. Am 8. Februar 1891 stieg er mühsam übers Bärental 600 Meter hoch auf den Feldberg. Fünf Stunden brauchte Pilet für den Aufstieg durchs unwegsame, tief verschneite und natürlich damals nicht ausgeschilderte Gelände. Die dafür notwendige Kondition lässt vermuten, dass der Diplomat seine Tage nicht nur am Schreibtisch verbrachte. Nach der Abfahrt trug sich der Skipionier ins Gästebuch des Feldberger Hofs ein. Die Adresse des Hotels heute: Dr. Pilet-Spur 1.

Die Verbreitung des Skifahrens im Südschwarzwald war nicht mehr aufzuhalten. Ziemlich viele Einheimische hatten genauso viel Spaß wie die Gäste, die Hänge hinabzusausen. Der 1895 gegründete Skiclub Schwarzwald, heute Skiverband Schwarzwald, trug dazu bei, dass sich die Zahl der Knochenbrüche in Grenzen hielt. Die Skilehrer zeigten, wie man sich am besten mit den Brettern an den Füßen bewegte, und zwar Männern und Frauen. Ich bewundere vor allem die Frauen, die in langen Röcken mit Hut auf dem Kopf, manche mit Pelz um den Hals, am Feldberg zum Skifahren gingen, wie ein Foto aus dem Jahr 1895 zeigt. In den Händen halten sie Skistöcke, die sich heute gut als Besenstiel machen würden.

So traten die Damen auch bei der ersten Skimeisterschaft im Jahr 1900 an. Zum Start brachte sie dabei kein Lift, sie mussten in den langen Röcken den Berg hochstapfen. Wie viele Kilogramm Schnee sie da wohl am Saum mit sich schleppten? Den Skilift, wie er im Prinzip heute noch funktioniert, erfand der Gastwirt Robert Winterhalder in Schollach erst 1908. Schon seit mehreren Jahren waren auch im Winter Gäste zu ihm gekommen, um in der klaren Schwarzwaldluft frei atmen zu können. Einige von ihnen waren Asthmatiker, die große Atemprobleme hatten, sobald sie ein paar Meter den Berg hochgestiegen waren. Winterhalder, ganz Schwarzwälder Tüftler, hatte sich schon in früheren Jahren die Arbeit etwas erleichtert, indem er von der Mühle vor seinem Haus ein endloses Drahtseil auf den Speicher seines Hauses verlegt hatte. Das Seil setzte er mit der Energie, die seine Wassermühle lieferte, in Bewegung. Es lief rundum und transportierte das Getreide vom Dachboden zur Mühle. Dort wurden die Körner gemahlen, und die Mehlsäcke nahmen ihren Weg zurück auf die Tenne. Warum sollten nicht auch Menschen auf die Art hoch zum Waldrand gezogen werden, damit sie über die schneebedeckte Wiese runterrodeln oder auf Skiern fahren konnten? Dieser erste Skilift an einem kleinen Hang im tiefsten Schwarzwald ist Grundlage für die heutigen Seilbahnen, ohne die Abfahrtskilauf und Bergwanderungen deutlich beschwerlicher wären.

Meine eigene Wintersportzeit ist auf wenige Jahre meines Lebens begrenzt, zumindest was den Abfahrtskilauf angeht. Aber es gab Nachmittage während meiner Wintersemester in Freiburg, da konnte ich einfach nicht an die Uni gehen. Dann saß ich in einem der Busse des Allgemeinen Hochschulsports, die uns in den tief verschneiten Schwarzwald brachten. Skikurs war angesagt. Dafür opferte ich die eine oder andere Veranstaltung am Germanistischen Seminar, und »opfern« meine ich nicht ironisch. Das erste Mal in meinem Leben wohnte ich nah an einem wirklich guten Skigebiet. Das musste ich nutzen. Davor war ich zwar leidenschaftlich und wild auf Skiern die Wiesenhänge bei unserem kleinen Dorf hinuntergejagt, aber Skifahren würde ich das im Rückblick nicht wirklich nennen wollen. In den Wintern meiner Studienjahre lernte ich dank des Engagements der Sportstudierenden, mich auf Skiern koordiniert und halbwegs elegant den Hang hinunterzubewegen. Später verlor sich die Leidenschaft für den Wintersport, die Skier verstaubten im Keller. Somit war ich nie unter jenen, die verzweifelt am Rand der Straße zum Feldberg einen Parkplatz suchten. Nicht wenige der Suchenden waren schon zwei oder drei Stunden im Auto gesessen, um einen Tag im vermutlich größten Skigebiet Deutschlands nördlich der Alpen zu verbringen. 38 Lifte hat allein der Liftverbund Feldberg in Betrieb, mit deren Hilfe Skifahrer 63 Pistenkilometer erreichen können. Vorausgesetzt, es liegt Schnee. Das ist nicht mehr so sicher wie zu meinen Studienzeiten. Klimaforscher rechnen damit, dass im Jahr 2100 am Feldberg und Schauinsland kein Wintersport mehr möglich sein wird, da Niederschlag in diesen Höhen dann nur noch als Regen ankommen könnte. Wie lange lohnt es sich also noch, am Feldberg in den Wintersport zu investieren? 20 Jahre? 30 Jahre? Im Liftverbund diskutieren die Beteiligten intensiv, ob es noch wirtschaftlich ist, in moderne Beschneiungsanlagen zu investieren, denn auch für die Produktion von Kunstschnee braucht man zumindest kalte Tage von etwa minus vier Grad. Bei der Frage, ob es noch Sinn mache, einen zweiten Skilift auf den Seebuck zu bauen, sehen die Befürworter auf alle Fälle Bedarf, auch wenn die Jahre mit verlässlichem Schneefall immer seltener werden. Für diese Zeit rechnen sie weiterhin mit Wintertouristen am Feldberg, die dann zum Wandern kämen und den ersten Anstieg bequem mit der Seilbahn bewältigen könnten. Jetzt könnte der Lift all jene Wintersportler auf den Berg bringen, die nicht mit dem vorhandenen Skilift fahren dürfen. Der ist nur für Abfahrtsläufer und Snowboarder zugelassen. Winterwanderer, Spaziergänger, Langläufer, Rodler und Schneeschuhgänger müssen sich momentan den Seebuck noch zu Fuß erobern. Die Argumentation, dass durch einen zweiten Lift der Ganzjahrestourismus am Feldberg gestärkt würde, treibt Naturschützern allerdings Schweißperlen auf die Stirn. Der Feldberg, das älteste Naturschutzgebiet in Baden-Württemberg, schaffte bislang den Ausgleich von Schutz der Tiere und Pflanzen einerseits sowie Tourismus andererseits, aber wenn im Winter so viele Touristen an den Berg kommen wie im Sommer, dann wird es eng für die Tiere, die ihre Ruhezeiten brauchen. Sie wären zu schwach, um zu flüchten, wenn sie im Winterwald aufgescheucht würden.

Derzeit zieht es an Spitzentagen bis zu 10 000 Wintersportler an den Feldberg, die meisten reisen mit dem Auto an. Die Ersten finden im Parkhaus einen der 1200 Stellplätze, für die Nächsten gibt es noch Parkflächen außerhalb, aber irgendwann ist Schluss. Das Chaos ist zwar nicht mehr so groß, dass regelmäßig Rettungswege zugeparkt werden wie vor 2015, als es das Parkhaus noch nicht gab, aber 10 000 Menschen sind dennoch zu viel für den Berg. 5000 bis 6000 Tagesgäste wären völlig ausreichend. Ein Buchungssystem soll es richten. Kurz zusammengefasst: Je früher ich online eine Randzeit buche, desto günstiger ist meine Liftkarte, je kurzfristiger ich die Karte an einem Schalter zu Spitzenzeiten wie am Wochenende kaufe, desto teurer wird der Spaß. Die Einheimischen ziehen sich sowieso eher an ruhigere Hänge zum Skifahren zurück. Dass für sie Skifahren noch erschwinglich bleibt, ist wichtig für die Akzeptanz des Tourismus und der Touristen. Irgendwann hilft es nicht mehr, zu betonten, wie viele Arbeitsplätze der Tourismus vor Ort sichert, wenn sich die Schwarzwälder die Attraktionen ihrer Heimat selbst nicht mehr leisten können. Beim Wintersport ist das vor allem beim Abfahrtsskilauf und Snowboarden ein Thema. Langlauf, Rodeln, Winterwandern und Schneeschuhgehen kosten deutlich weniger. Vielleicht gewinnt deshalb das »Schlurbe« über den Schnee immer mehr Freunde. »Schlurbe« bedeutet »schlurfen«, denn das ist genau die richtige Technik beim Schneeschuhgehen. Die Füße locker über den Boden ziehen, dann bleibt man auf dem Schnee und sinkt nicht ein. Das alte Fortbewegungsmittel der Hebammen und Postler taucht als modernes Sportgerät wieder auf, für das es nicht viel mehr braucht als Spaß am Wandern und ein bisschen Kondition. Die Schneeschuhgänger findet man zwischenzeitlich wieder überall, auf den ausgeschilderten Trails im Hochschwarzwald oder auf Wegen, wo sie als Erste eine Spur in der stillen Winterlandschaft bahnen.

Solche Erlebnisse und Emotionen sind es, die die Touristen heute von ihrem Trip in den Schwarzwald erwarten. Emotionen, die entschleunigen wie ein Gang durch die Erdmannshöhle in Hasel, im tiefen Süden, wo der Südschwarzwald zu Ende ist. Die Höhle unter dem Dinkelberg ist eine der ältesten Tropfsteinhöhlen Deutschland. Bevor ich da hinabsteige, ziehe ich Jacke, Stirnband und Handschuhe an, denn die Temperatur in der Höhle ist mit 10 Grad deutlich tiefer als die draußen vor dem Eingang. Die uralten Tropfsteine, zum Teil mehr als 135 000 Jahre alt, werden mit Licht und Musik inszeniert. 360 Meter ist der begehbare Weg durch die Höhle lang, den man mal aufrecht, mal gebückt geht. Wer die Nerven lieber kitzeln als beruhigen möchte, sollte über die jüngst eröffnete Hängebrücke über den tosenden Stübenbachwasserfall bei Todtnau gehen. Sie gehört sicher nicht mehr lange zu den Geheimtipps im Schwarzwald, die Kurzzeitreisende so gerne von den Einheimischen bekommen. Während der wenigen Tage, die sie im Schwarzwald verbringen, wollen sie nichts dem Zufall überlassen und vor allem das ganz Besondere, Einmalige erleben. Geheimtipps haben den Nachteil, dass sie, sobald man sie weitergibt, gar nicht mehr so geheim sind. Sie werden schnell zum Allgemeinwissen, vor allem, wenn sie auf den Social-Media-Kanälen gepostet werden. Die Schwarzwald-Touristiker freuen sich darüber, denn das ist erfolgreiche, kundenzentrierte Werbung für die Region, Geheimtipp hin oder her. Kein Wunder, dass die Übernachtungszahlen im Schwarzwald im Jahr 2022 fast schon wieder die Höhe wie vor der Covid-19-Pandemie erreicht hatten. Das gefällt auch Gastwirten und Hoteliers, aber nicht alle haben sich schon damit angefreundet, dass man von ihnen nicht nur saubere, gemütliche Zimmer und gutes Essen erwarten könnte, vielleicht noch mit ein paar E-Bikes im Verleihangebot, sondern auch so etwas wie Event-Management für die Gäste. Die Volkshochschule Hochschwarzwald bietet in ihrem Programm fürs Wintersemester 2023/24 einen Kurs für Gastgeber an, in dem sie lernen können, »neue und spannende Angebote« für ihre Gäste zu machen, um diesen einen »unvergesslichen Urlaub zu garantieren«. Die Gastgeber gehen an sechs Tagen lang selbst auf Exkursion in ihrer Heimat, mal begleitet von Feldberg-Ranger Achim Laber, mal von einem Historiker oder von Tourismusfachleuten. Am Ende gibt es ein Diplom, das sie als Naturpark-Gastgeber auszeichnet, so wie es auch eine Zertifizierung für nachhaltige Gastgeber gibt. Welcher Wandel gegenüber den Anfängen des Tourismus, als die Feriengäste in den ausgeräumten Kinderzimmern auf den Bauernhöfen wohnten und beim gemeinsamen Abendessen ihren Gastgebern manches über deren Heimat erzählten, wovon die Bauern nichts wussten, da sie gar keine Zeit hatten, sich mit der Geschichte der Höllentalbahn zu beschäftigen oder auch noch nie unter der imposanten Kuppel des Doms von St. Blasien gestanden waren.

Ob nun früher analog auf Plakaten und in Prospekten oder heute digital in Apps, geworben wird für den

Schwarzwald meist mit den gleichen Klischees. Da stehen Kühe im Abendlicht auf der Weide, liegen Bauernhöfe auf Wiesen in der Sonne, rauschen wilde Wasser Felsen hinab, liegen Seen romantisch mitten im Wald und freuen sich trachtentragende Menschen auf die Gäste aus der Ferne. Eine heile Welt, in die auch ich immer wieder gerne eintauche, auch wenn ich weiß, wie die Milchbauern um jeden Cent für den Liter Milch kämpfen, dass manche Bauernhöfe dringend ein neues Dach brauchen, das aber kaum aus dem Ertrag des Hofs finanzierbar ist, die Seen wie der Touristenmagnet Windgfällweiher an Wochenenden gnadenlos zugeparkt werden und die wenigsten Schwarzwälder Tracht tragen, schon gar nicht den Bollenhut. Das alles vergesse ich, wenn ich zwischen Wald und Wasser unterwegs bin. Besonders leicht fällt mir das Vergessen in der Wutachschlucht, nicht nur, weil dort kein Handyempfang ist und damit die Welt sowieso außen vor bleibt. Dort unten in der Wutachschlucht sind keine Zivilisationsgeräusche zu hören, nur die Geräusche der Natur. Wie in einer Meditations-App – nur in echt. Und dann gibt es einfach so viel zu entdecken, abgesehen davon, dass man sich auf den Weg konzentrieren sollte. Vor allem, wenn es zuvor geregnet hat. Nach einem Regentag stapft man in der Schlucht schon mal durch Schlamm und Matsch oder rutscht auf glitschigen Steinen. Definitiv kein Gelände für Flip-Flop-Wanderungen, auch wenn an manchen Felsen Seile gespannt sind, an denen sich die Wanderer festhalten können. Immer wieder geht es über Brücken von einer Seite der Schlucht auf die andere, zwischen Baumstämmen hindurch an Wasserrinnsalen vorbei, die vom Felsen herunterfließen und an heißen Tagen wunderbar kühlen. Ich stelle mich gerne hinter so einen Wasservorhang und schaue durch die Wasserfäden in die Schlucht. Unsere Kinder erinnern sich an viele Geschichten von Feen und Zwergen, die ich ihnen an solchen Orten im Wald erzählt habe, alles frei erfunden, inspiriert von der Natur wie Spinnennetze mit Tautropfen, Gängen, die Tiere in einen Hang gegraben haben, oder Bäumen, die in wenig Erde auf einem rauen Felsen wachsen.

Die vielfältigen Wanderwege im Schwarzwald, die von einem Rundgang um den Titisee über den mehrtägigen Schluchtensteig bis zum Traditionsweg des Schwarzwalds, dem Westweg, reichen, sind einer der Gründe, weshalb sich das Mittelgebirge nach wie vor großer Beliebtheit erfreut. Dabei heißt Wandern heute ja nicht mehr, in Kniebundhosen und karierten Hemden, mit roten Kniestrümpfen an den Beinen und Filzhut am Kopf loszuziehen. Moderne Funktionskleidung kann zwar auch sehr bunt sein, vor allem ist sie aber zweckmäßig, gleich ob man den Berg hinaufrennt, gemächlich ansteigt, ob man mit dem Mountainbike oder mit dem Tourenrad mit Elektromotor unterwegs ist. Wandern hat heute viele Facetten und spricht zunehmend wieder junge Leute an. Wichtig ist im Schwarzwald wie in den Alpen, dass man den Berg nicht unterschätzt. Die Bergwacht wird im Schwarzwald jährlich 1500-mal zu Einsätzen gerufen, nicht nur im Winter. Immer wieder geraten auch Wanderer im Sommer in Bergnot, weil sie die Schwierigkeit der Wege oder mögliche Wetterwechsel unterschätzt haben. Daran, dass die Wege frei sind, hat seit mehr als 100 Jahren der Schwarzwaldverein großen Anteil, damals noch zweigeteilt in Badischer und Württembergischer Schwarzwaldverein. 24 000 Wanderkilometer betreuen die Mitglieder. Der älteste und populärste Fernwanderweg ist der, welcher der roten Raute folgt, der Westweg. Der erste Fernwanderweg Deutschlands führt seit dem Jahr 1900 von Pforzheim nach Basel. Am Titisee müssen sich Wandererinnen und Wanderer entscheiden, ob sie über Feldberg, Belchen und Blauen weitergehen oder lieber über das Herzogenhorn und den Hotzenwald an den Hochrhein wandern wollen. Der Weg trennt sich in eine West- und eine

Ostroute, die beide ihre landschaftlichen Besonderheiten haben. Die westliche Variante über den Feldberg ist deutlich beliebter als die östliche. Wer es ruhiger mag, sollte deshalb übers Herzogenhorn und den Hotzenwald gehen. Bis heute bin ich noch nicht alle 285 Kilometer des Westwegs gegangen, aber das kann ja noch werden. Der Titisee liegt auf einer Etappe, die ich noch nicht gewandert bin. Wenn ich dort mal wieder vorbeikomme, schaue ich vielleicht in einem der Souvenirshops vorbei. Könnte ja sein, dass es diese kleinen Plastikfernseher mit den Bildern von touristischen Attraktionen immer noch oder wieder gibt.

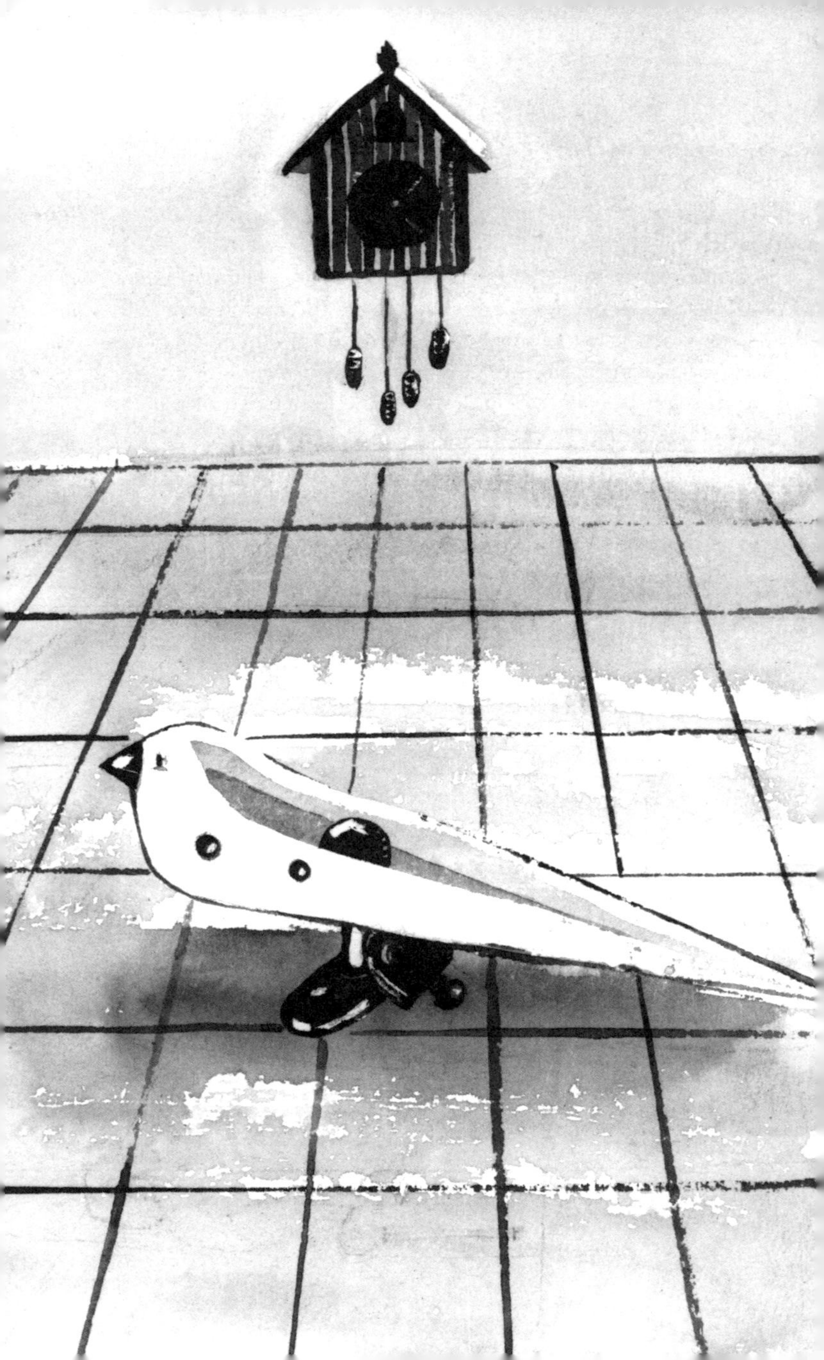

TRADITION

»Tradition ist die Weitergabe der Flamme und nicht die Anbetung der Asche.« Dieser Satz, den vermutlich Thomas Morus so, oder so ähnlich, als Erster formuliert hat, drückt für mich viel mehr aus, was Brauchtum bedeutet als »Das haben wir aber schon immer so gemacht«. Wir alle brauchen Rituale und Traditionen. Sie geben uns Halt in unserem nicht immer übersichtlichen Alltag. Aber die Rituale sollten mit uns wachsen, sich mit uns verändern. Als unsere Jungs ihre ersten Weihnachtsfeste feierten, zauberten wir an Heiligabend aus unserem Wohnzimmer innerhalb kürzester Zeit ein Weihnachtszimmer. Der Baum stand vorbereitet auf der Terrasse unserer Nachbarn, die Geschenke waren griffbereit versteckt. Nachmittags machten wir uns auf den Weg zu Freunden zum Weihnachtskaffee. Ich gab vor, etwas vergessen zu haben, sauste zurück und bewerkstelligte in kürzester Zeit die Verwandlung vom Wohn- ins Weihnachtszimmer. Das machten wir zwei, drei Jahre so. Dann »halfen« wir dem Weihnachtsmann und kauften schon mal einen Baum, den wir gemeinsam schmückten. Das Weihnachtsritual änderte sich von Jahr zu Jahr, und dennoch sagen alle Familienmitglieder, dass wir eine feste Tradition haben, das Weihnachtsfest zu feiern.

Im Südschwarzwald gibt es viele Traditionen und damit Möglichkeiten, diese zu pflegen und weiterzuentwickeln. Respekt vor dem, was andere geschaffen haben, ist in den Schwarzwäldern fest verwurzelt. Da sie aber gerne die Flamme weitergeben und nicht die Asche anbeten, schaffen sie es, Traditionen in die Gegenwart zu führen. Auch bei einem der weltweit für den Schwarzwald stehenden Symbole, der Kuckucksuhr. Als Kind habe ich mich jedes Mal fürchterlich erschrocken, wenn der Kuckuck zu jeder halben und jeder vollen Stunde aus dem kleinen Fenster oben in der Uhr herausschoss. Wenn sich dann anschließend noch Holzhacker, Wasserräder oder Tanzgruppen in Gang setzten, war das einfach zu viel für mich. Das gilt auch heute noch. Um die Uhrenläden in Titisee und Triberg und um andere »Cuckoo Clock Shops« mache ich einen weiten Bogen. Und doch bin ich sehr beeindruckt von der Geschichte dieser Uhr und ihrer Bedeutung für die Menschen im Südschwarzwald.

Welches Bild taucht vor Ihrem geistigen Auge auf, wenn Sie an eine Kuckucksuhr denken? Vermutlich sehen Sie Holz, braunes Holz, vielleicht geschnitzte Jagdmotive, vielleicht ein Schwarzwaldhaus mit Walmdach und Sprossenfenstern, einem Wasserrad daneben und einer Tanzbühne am Balkon. Auf alle Fälle sehen Sie den Kuckuck, der jede halbe Stunde für einen Ruf über dem Ziffernblatt erscheint und zu jeder vollen Stunde verkündet, wie viele Stunden vergangen sind. Das war bei den ersten Kuckucksuhren auch schon so. Allerdings sahen diese noch ganz anders aus. Keine Holzschnitzereien, sondern flache Lackschilduhren, die sich nur durch den Vogel im Oberstübchen von anderen Wanduhren unterschieden. Erst ab der Mitte des 19. Jahrhunderts zog der Kuckuck in das Bahnwärterhäuschen ein, das unsere Vorstellung von einer »echten« Kuckucksuhr geprägt hat. Stellt sich die Frage, wer eigentlich wann auf die Idee kam, Uhren mit Kuckuck zu bauen. War es Franz Ketterer, der im Jahr 1737 in Schönwald die erste Uhr mit Kuckucksruf gebaut haben soll, oder haben zwei Uhrenträger 1742 eine Kuckucksuhr von einer Verkaufsreise aus Böhmen in die Schwarzwälder Uhrmacherwerkstätten getragen, wo diese dann nachgebaut wurde? Oder war es noch ganz anders? Bis heute weiß man nicht, wie es wirklich war. Die Schönwälder allerdings sind sich sicher, dass Franz Ketterer der erste Kuckucksuhrenbauer war, und dokumentieren ihre Überzeugung mit einem Denkmal im Dorf. Auf alle Fälle ist weder eine Uhr aus dem Jahr 1737 erhalten noch eine aus dem Jahr 1742. Die älteste Kuckucksuhr ist auf das Jahr 1790 datiert und hängt im Uhrenmuseum in Furtwangen. Uhrenhistoriker gehen davon aus, dass allein um das Dorf Eisenbach herum Uhrmacher in den Jahren 1750 bis 1800 Tausende von Kuckucksuhren gebaut haben. Sie legten damit auch die feinmechanische Grundlage für die aktuelle industrielle Entwicklung des Ortes.

Effizienz und hohe Qualität erreichten die Uhrmacher bei der Herstellung ihrer Produkte, indem sie auf Arbeitsteilung setzten. So wurde jeder zum Spezialisten auf seinem Gebiet, und die Arbeit ging immer schneller von der Hand. Meist schnitzten Frauen die kleinen Vogelfiguren und bemalten sie detailreich. Die Pfeifen mit dem typischen Kuckucksruf kamen vom Pfeifenmacher, auch die Uhrwerke stellten Fachleute her. Schildermaler gestalteten das Äußere, später übernahmen diese Arbeit die Schnitzer. Der Uhrmacher hatte die Gestaltungsideen und setzte alles zusammen, brachte Uhr und Kuckuck in Gang. Das ist heute noch genauso wie vor rund 300 Jahren, wenn auch das Design sich stark verändert hat. Bei der Gestaltung gibt es eigentlich nichts, was es nicht gibt. Auch die Schilduhren tauchen wieder auf. Selina Haas aus Schonach hat mit einer ihrer modernen Bilduhren 2021 den Wettbewerb Schwarzwalduhr des Jahres gewonnen. Die Künstlerin und Designerin ist mit dem Kuckuck aufgewachsen. Viele Stunden hat sie in der Werkstatt ihrer Eltern und ihres Großvaters verbracht. Auch während des Studiums gab sie das Schwarzwaldthema nie auf, sondern hat es für sich weiterentwickelt. »Rombach und Haas« war einer der ersten

Uhrenhersteller, der neben den Klassikern moderne schlichte Designmodelle sowie eine Kunstkollektion auf den Markt brachte. Es war nicht immer leicht, diese Modelle auf Messen zu präsentieren. Mancher Traditionalist beschimpfte die mutigen Schwarzwälder.

Bei aller Experimentierfreude im Äußeren der Uhr, im Inneren setzen Selina Haas und ihr Mann Andreas Kreyer auf Tradition. Mechanisch, nicht elektrisch werden die Uhrwerke in der klassischen und in der modernen Version angetrieben. Produziert werden diese in einem feinmechanischen Werk in Schonach, nicht nur für Rombach und Haas, sondern für die meisten Uhrenhersteller im Schwarzwald. Für die Käufer bedeutet ein mechanisches Uhrwerk Arbeit. Jeden Tag müssen die Gewichte in Form von Tannenzapfen an den Ketten bis unter die Uhr gezogen werden, damit sie mit der Zeit wieder ablaufen können. Es sei denn, man hat ein Acht-Tage-Laufwerk. Ich erinnere mich gut an diese wichtige Arbeit, die in meiner Kindheit nicht von jedem gemacht werden durfte und Feingefühl erforderte. Was ich nicht mehr weiß, ob man damals schon den Kuckuck nachts schlafen lassen, sprich einfach abschalten konnte. Die Europäische Union will zukünftig Produkte, die nach solch alten Handwerkstechniken hergestellt werden, schützen, und damit auch die Kuckucksuhr. Aber nur, wenn sie tatsächlich im Schwarzwald hergestellt wurde. Dann wird das Zertifikat des Vereins Die Schwarzwalduhr noch wichtiger. Dieses bestätigt schon jetzt den Käufern, dass ihr neues Schmuckstück im Schwarzwald gebaut wurde, und zwar mit den gleichen mechanischen Komponenten wie vor 300 Jahren.

Damals waren Schwarzwälder Uhrenträger fast auf der ganzen Welt zu finden. Je nachdem wie weit sie reisten, nahmen die Händler Postkutsche oder Schiff. Meist aber waren sie zu Fuß mit der »Krätze« auf dem Rücken unterwegs. Das hat nichts mit der gleichnamigen Hauterkrankung zu tun, sondern bedeutet im Alemannischen »Rückentrage«. Das Geschäft lief gut, denn die Uhren waren aus Holz und damit nicht nur leichter, sondern auch günstiger als Metalluhren. Nachdem die Kuckucksuhr ihr charakteristisches Aussehen bekommen hatte, das uns heute sofort in den Sinn kommt, war sie noch begehrter. Die Großherzogliche Uhrmacherschule in Furtwangen hatte 1850 einen Wettbewerb für zeitgemäßes Uhrendesign ausgeschrieben, um den Markt neu zu beleben. Friedrich Eisenlohr ließ sich für seinen Wettbewerbsbeitrag von der täglichen Arbeit inspirieren. Der Architekt hatte entlang der Großherzoglich Badischen Staatseisenbahnen viele Bahnwärterhäuschen gebaut, und so war es für ihn naheliegend, eine Bahnhäusleuhr beim Uhrenwettbewerb einzureichen. Eisenlohr gewann den ersten Preis und hatte, ohne es zu ahnen, ein Symbol geschaffen, das Menschen weltweit mit dem Schwarzwald verbinden. Und ein Objekt, das Künstler und Designer immer wieder von Neuem zur Auseinandersetzung reizt. Selbst im Design Store des Museum of Modern Art in New York findet sich eine moderne Adaption des Klassikers, die »Dachs Cuckoo Clock« aus Japan. Ein rotes Haus mit weißem Kuckuck.

Um die Schwarzwalduhr ist ein neuer, etwas bizarrer Wettbewerb in Gang gekommen, der Wettstreit um die größte Uhr. So groß, dass sie an keine Wand mehr passt. 1946 startete ein Souvenirhändler in Wiesbaden dieses Rennen, ohne sich vorstellen zu können, was die Kuckucksuhr-Fassade an seinem Haus auslösen sollte. Eigentlich wollte der Geschäftsmann nur für »German Andenken« werben. Ein paar Jahrzehnte später baute Josef Dold in Schonach nicht nur eine Fassade, sondern ein ganzes Haus als Uhr. Kein Bahnwärterhäuschen, aber ein Schwarzwaldhäuschen. Das Uhrwerk aus Holz ist dreieinhalb Meter hoch. 1984 kam das Uhrenhaus als weltweit größte Kuckucksuhr ins Guinnessbuch der Rekorde. Doch zehn Jahre später stand im Uhrenpark Eble unterhalb von Triberg eine noch größere Uhr. Der Titel der Weltgrößten Kuckucksuhr war für die Schonacher erst einmal futsch, denn das Uhrwerk der Triberger Uhr misst viereinhalb Meter in der Höhe. Im Jahr 2000 tauchte die Uhr von Josel Dold wieder im Guinnessbuch auf. Jetzt als Erste weltgrößte Kuckucksuhr. Zwischenzeitlich gab es noch weitere Rekorduhren. Seit 1997 gilt das Hornberger Uhrenspiel als die breiteste Kuckucksuhr der Welt, und in Gernrode im Harz steht seit dem gleichen Jahr die Weltgrößte Kuckucksuhr außerhalb des Schwarzwalds. Ja, auch außerhalb der Schwarzwaldberge werden Schwarzwalduhren gebaut. Und falls Sie einmal eine Uhr sehen, bei der sich der Kuckuck zwischen Motiven aus dem Erzgebirge zeigt, hat das auch seine Richtigkeit. Nennt sich dann aber Erzgebirgsuhr und nicht Schwarzwalduhr.

Die Bauersfamilien im Südschwarzwald verdienten mit den Schnitzarbeiten für die Kuckucksuhren in den Wintermonaten ein bisschen Geld dazu. Meist werkelten sie in ihren Stuben am warmen Kachelofen, oft gemeinsam mit Nachbarn. Sie erzählten sich das Neueste von den Höfen und aus der Welt, sofern diese Nachrichten in den Schwarzwald vorgedrungen waren. Dabei arbeiteten sie und aßen gemeinsam zu Abend. Kurzum sie pflegten »Stubede«, das nachbarschaftliche Zusammenkommen am Abend in der Stube. Eine Tradition, die durch unser modernes Leben weitgehend verschwunden ist. Kaum einer geht heute einfach mal so beim Nachbarn oder bei Freunden vorbei, ohne zuvor angerufen oder eine Textnachricht geschickt zu haben, auch die Menschen auf dem Lande nicht. Die Fachleute für den Schwarzwaldtourismus haben sich jüngst auf die Tradition der Stubede neu besonnen und sind mit einer mobilen Stube durch die Gegend gezogen, um auch in Hamburg und Berlin davon zu erzählen, wie das früher so war mit dem gemütlichen Zusammensitzen am Abend während des Schwarzwälder Winters. Und wie die

Bauern die Laternen packten, wenn es dunkel wurde, etwas Holz zum Schnitzen mitnahmen, Strickzeug oder einfach die Cego-Spielkarten einsteckten und zum nächsten Hof zogen. Dort saßen schon ein paar Nachbarn auf der Bank am Kachelofen oder am Tisch im Herrgottswinkel, spielten Karten oder werkelten. Um das alles nicht nur zu erzählen, sondern die Menschen es auch erleben zu lassen, gaben die Schwarzwälder Tourismusleute eine mobile Stubede bei Schwarzwälder Handwerkern in Auftrag, fünf Meter lang und 2,20 Meter breit. Dass dieses Wägelchen mit der schönen Schindelfassade mal ein einfacher geschlossener Anhänger war, sieht niemand mehr. Innen ist alles vorhanden, was eine traditionelle Schwarzwälder Stube braucht: Eckbank, Herrgottswinkel, Kuckucksuhr und Kachelofen, wenn auch in diesem Fall nur als Attrappe mit einer Flächenheizung hinter den Kacheln. Um das Erleben der Stubede noch authentischer zu machen, können die Gäste über eine VR-Brille mitten in das Geschehen eintauchen. So »unmittelbar«, wie es Virtual Reality eben möglich macht.

Eine »Real-World-Stubede« ergab sich einfach. Gut, manche hatten einen festen Wochentag, an dem sie sich zusammensetzten, andere nutzten die eher arbeitsarmen Tagen zwischen Weihnachten und Dreikönig oder die Tage, wenn Fasnet war. Stubede ist auch eine Tradition, bei der die Menschen auf den Höfen Energie sparten und sich gleichzeitig in der Gemeinschaft aufgehoben wussten. Manche sagten dazu auch »z' Liächt go«, denn ohne Laterne konnte niemand losziehen. Straßenlampen gab es keine. Ein bisschen so etwas wie Stubede habe ich in meiner Kindheit im Nordschwarzwald auch kennengelernt. Ich erinnere mich gerne an Nachmittage mit meiner Großmutter, wenn sie mit anderen Frauen strickend beisammensaß. Meistens schnitt ich aus dem Quelle- oder Neckermann-Katalog Fotografien aus, die ich zu Geschichten zusammenklebte.

Wenn Sie alte Fotografien oder Gemälde sehen, auf denen Menschen in der Stube eines Schwarzwaldhofs zusammenkommen, dann schauen Sie mal genauer hin, ob sie nicht irgendwo Strohzöpfe entdecken. Strohschuhe zu machen war eine der Handwerksarbeiten an der »Kunscht«, dem Kachelofen. Mehrere Meter lange Zöpfe braucht es für so einen »Finken«, einen wärmenden Hausschuh aus Stroh. Ob Roggen-, Weizen- oder Maisstroh, das Material musste und muss erst einmal mehrere Stunden einweichen, bevor es geflochten werden kann. Eine Arbeit, bei der auch Kinder mithelfen konnten, vielleicht auch heute noch mithelfen. Denn es gibt sie noch, die Strohschuhmacher im Schwarzwald und drumherum. Ich habe den Eindruck, sogar wieder mehr als vor ein paar Jahrzehnten. Oder es liegt daran, dass sie sich jetzt alle im Internet präsentieren können. Die Strohschuhe, die bei den Stubede-Abenden entstanden, wärmten vor allem die Füße der Macher und ihrer Familien, einige wurden auch auf Märkten verkauft. Bei der Fasnet tragen fast alle Hexenfüße Strohschuhe.

Zu meiner Freiburger Zeit hatte ein Metzger auf dem Münstermarkt diese Finken am Rand seines Wagens hängen. Auch heute noch sehe ich dort manchmal welche neben Schinken und Wurst. Da meine Studentenbude ziemlich bodenkalt war, sollten die bequemen Latschen ins Haus. Doch beim Metzger wollte ich keine Schuhe kaufen. Ich träumte von einem kleinen Handwerksladen im Hochschwarzwald mit Schuhmodellen in allen Größen und Bändelungen in allen Farben. Eine Bändelung ist die Stoffummantelung der Schuhränder. Zwischen den Schuhen sollte ein Strohschuhmacher oder eine Strohschuhmacherin sitzen, denen ich zuschauen konnte, wie sie aus einem Stück Stoff, einem langen Strohzopf und einem Stück altem Schlauch für die Sohle einen Schuh arbeiteten. Manchmal geht meine Fantasie mit mir durch. In der Grundschule hieß das dann: »Spannend erzählte Geschichte, sprachlich ausgereift, aber leider

Thema verfehlt.« Zurück zum Thema. Ich fuhr also durch den Schwarzwald und suchte einen solchen Laden. Internet war noch nicht, ich hatte nur vage Tipps bekommen und die nicht gerade ermutigende Aussage: »Des isch nit so ifach.« Ein schwieriger Rechercheauftrag also. Ich werde hier jetzt nicht detailliert von der mühsamen Suchfahrt durch den Schwarzwald erzählen. Irgendwann war ich jedenfalls mürbe und kaufte kurz vor Ladenschluss in einem Haushaltwarengeschäft in Todtnau die einzigen Strohschuhe, die in Größe 39 und 43 zu haben waren. Egal, welches Stroh, egal, welche Bändelung. Das Kind der Wirtschaftswunderzeit in mir, das gelernt hatte, dass immer alles überall verfügbar ist, lernte an diesem Tag eine Lektion in Genügsamkeit. Unsere Finken wärmten die Füße mehrere Winter lang wunderbar, bevor sie immer stärker zerbröselten. Vielleicht kaufe ich doch mal wieder welche. Jetzt könnte ich sogar Strohart, Bändelung und Sohlenmaterial auswählen. Mal sehen. Strohschuhmacher sind immer wieder im Vogtsbauernhof in Gutach und zeigen ihr Handwerk. Da sitzen sie dann in einer Stube oder vor einem Haus inmitten wunderbarer Finken und flechten, nähen und halten gerne ein Schwätzchen. Genauso wie ich es mir damals vorgestellt habe …

Auch bei einem weiteren weltweit bekannten Wahrzeichen des Schwarzwalds spielt Stroh eine wichtige Rolle. Der Unterbau des Bollenhuts ist ebenfalls aus trockenen Getreidehalmen. Allerdings kommen nicht mehr alle Strohhüte für die roten und schwarzen Wollkugeln aus dem Schwarzwald, manche Rohlinge werden aus Italien importiert. Wir sprechen hier von den echten Bollenhüten, wie sie nur die Frauen in Gutach, Kirnbach und Reichenbach tragen sollten, und nicht von Importhüten aus aller Herren Länder, die an jedem Kiosk zu bekommen sind. Ausschließlich in jene drei ehemals württembergische Gemeinden gehört das Wahrzeichen der Schwarzwald Tourismus-Gesellschaft. Wenn man es streng sieht. In Gutach, Kirnbach und Reichenbach sind die Menschen überwiegend evangelischen Glaubens. Ab der Konfirmation tragen dort die jungen Frauen den Hut mit den roten Kugeln. Nach ihrer Heirat setzen sie den Hut mit den schwarzen Wollkugeln auf. Und im hohen Alter, wann immer das auch sein mag, greifen sie dann wieder zu einem »Käppele«, einer Haube, wie sie die Mädchen auch vor der Konfirmation zur Tracht tragen. Warum wurde dieser Hut, der nur in drei kleinen Gemeinden zur Tracht gehört, zum Symbol für den gesamten Schwarzwald von Pforzheim bis Weil am Rhein?

An den Künstlern der Gutacher Malerkolonie lag es vermutlich nicht. Wilhelm Hasemann und Curt Liebich malten zwar Ende des 19. Jahrhunderts zahlreiche Trachtenträgerinnen in Gutach, und ihre Bilder wurden auch als Postkarten gedruckt, aber den Hype um den Bollenhut löste Jahrzehnte später eine andere Kunstsparte aus. 1950 zeigten die Lichtspielhäuser *Schwarzwaldmädel*, den ersten Farbfilm der Nachkriegszeit um den Maler Hans Hauser und die Sekretärin Bärbele Riederle. Und eben dieses Schwarzwaldmädel Bärbele trug in dem Film eine Tracht mit Bollenhut. Auch wenn Filmkritikern vor allem das Wort »Kitsch« bei diesem Streifen einfällt, 16 Millionen Kinobesucher fanden das *Schwarzwaldmädel* einfach klasse. *The Black Forest Girl*, so der internationale Titel des Films, ist damit einer der erfolgreichsten deutschen Filme. In der Filmgeschichte setzte das *Schwarzwaldmädel* den Trümmerfilmen der ersten Nachkriegsjahre ein Ende, und in der Geschichte des Schwarzwaldtourismus war ein starkes Markenzeichen neben Kuckucksuhr und Kirschtorte platziert.

Die Menschen in den drei Gemeinden südlich der Kinzig sind nicht immer glücklich darüber, wo sie überall den roten Bollenhut entdecken. Die Souvenirindustrie ist gnadenlos, wenn es darum geht, Symbole zu vermarkten. Und

Souvenirs bringen im Schwarzwald immer Umsatz, ob in modernen Pop-up-Läden mit Postkarten von Sebastian Wehrle, Designobjekten aus Holz und handgeformten Seifen aus Ziegenmilch oder klassisch-etabliert mit Schwarzwaldmotiven auf Topflappen, mit »Cuckoo Clocks« und in Folie eingeschweißten Schinkenstücken. Der Bollenhut ist in beiden Ladenkonzepten zu finden. In einem herzoglichen Dekret vom Januar 1797 finden sich die ersten schriftlichen Angaben zum Symbolhut. »Die üblichen Dekorationen von roter und schwarzer Farbe sollen aufgenäht werden«, heißt es in dem Dokument. »Die üblichen Dekorationen« waren vierzehn kleine rote oder schwarze Wollkugeln, die zusammen gerade mal 500 Gramm wogen. Die Symbolik der Farben galt von Anfang an. Jeder konnte sehen, welchen Familienstand eine Frau hatte. Später sagten die Hüte noch mehr aus: Je größer die Wollkugeln, desto reicher waren Vater oder Ehemann. Heute wiegt so ein Originalhut an die zwei Kilogramm. Das liegt aber auch daran, dass die einfachen Strohhüte das Gewicht der großen Kugeln irgendwann nicht mehr tragen konnten. Seit etwa Mitte des 19. Jahrhunderts streichen die Hutmacherinnen die Unterbauten mit einer Gipsmilch ein, die den Strohhut stärkt, aber eben auch mehr Gewicht auf den Kopf der Trägerin bringt. Gerlinde Aberle und Waltraud Kech sind noch zwei der wenigen Bollenhutmacherinnen. Sie haben gut zu tun, auch wenn die Hüte eigentlich von Generation zu Generation weitergegeben werden. Sind Unterbau und Wollkugeln vorbereitet, nähen die Hutmacherinnen die vierzehn Bollen in Kreuzform auf den Hut auf. Falls jemand auf einem Foto von einem Bollenhut nachzählt und dabei auf nur elf Kugeln kommt, stimmt auch das. Es sind zwar tatsächlich vierzehn Bollen, aber nur elf sind zu sehen. Drei Kugeln dienen als versteckte Stützen.

Heutzutage Tracht zu tragen, sagt mehr aus als der Ort, aus dem man kommt. Oder welchem sozialen Stand jemand angehört. Tracht bedeutete ursprünglich nur Kleidung und wurde erst im 19. Jahrhundert zum Begriff für den Sonntagsstaat der Bauern. Wer heute Tracht trägt, bekennt sich zu Tradition, zu bestimmten Normen und Werten. Es sei denn, es ist Oktoberfest. Eine Schneiderin, die Tracht wieder mehr als Kleidung sieht, ist Kim Schimpfle. Die Modedesignerin entwirft und näht seit etlichen Jahren im Freiburger Stadtteil Wiehre Kleider und Röcke, die Trachtenelemente modern interpretieren. Auf manche der Stoffe sind Fotografien idyllischer Schwarzwaldlandschaften gedruckt. Und natürlich nimmt Kim Schimpfle auch den Bollenhut auf und designt ihre Interpretationen. Da hat dann ein Fascinator auch mal grüne Kugeln. Ein künstlerisches Spiel mit der Tradition.

Alte Handwerkstechniken weiterzugeben ist ein wesentlicher Aspekt von Tradition. Dazu gehört auch, wie man Lebensmittel konserviert. Oder Brot backt. In Stegen bei Freiburg steht seit Kurzem wieder ein Backhäusle, in dem die Bürger Brot, Pizza und Kuchen backen können. Neben dem guten Gefühl, zu einer Gemeinschaft zu gehören, spart jeder auch noch Energiekosten. Früher gab es viele dieser Backhäuschen, nicht nur im Märchen bei Frau Holle. Ich erinnere mich nicht, dass es diese Tradition auch in unserem Dorf gab. Und mein Vater war eher für das zuständig, was auf das Brot draufkommt, den Schwarzwälder Schinken. Ordentlich kalt musste es sein, wenn geschlachtet wurde und anschließend Schinken und Seitenstück, der spätere Speck, in die Pökelbottiche kamen. Der Metzger hatte die Gewürzmischung genau abgewogen. Aber sie allein war nicht entscheidend für das Aroma. Wichtig war, was auf dem Boden des Räucherofens vor sich hin »gluste«, also welche Zweige dort vor sich hinglimmten. Tannen- und Fichtenzweige gaben und geben das feinste Aroma. Der Anschnitt ein paar Wochen später nach der Ruhezeit war immer etwas ganz Besonderes. War der rohe Schinken gelungen? War er aromatisch oder vielleicht ein bisschen zu salzig? Und dann die Erleichterung, dass sich die viele Arbeit gelohnt hatte. Mein Vater hat den Schinken übrigens nie hauchdünn aufgeschnitten, wie es viele machen und empfehlen. Er hat eine dickere Scheibe abgeschnitten und diese dann in hauchdünne Streifen zerteilt. Sein echter Schwarzwälder Schinken schmeckte eigentlich jedem. Vegetarier waren damals in unserem Umfeld eher selten. Seit 1997 ist »Schwarzwälder Schinken« eine geschützte geografische Angabe der Europäischen Union. Diese Klassifikation garantiert das traditionelle Herstellungsverfahren im geografischen Gebiet des Schwarzwalds zwischen Pforzheim und Lörrach. Das Tier kann aber in einer ganz anderen Region aufgewachsen sein. Es muss auch nicht im Schwarzwald geschlachtet werden, und auch der fertige Schinken muss nicht zwischen Tannen verkaufsgerecht aufgeschnitten werden.

Gegenüber unserem Räucherofen stand das Regal mit dem Eingemachten, an einer anderen Wand hatten die Steinguttöpfe mit dem Sauerkraut und den sauren Rüben ihren Platz. Die Gläser mit den Kirschen, Zwetschgen, Mirabellen, Birnen, Bohnen und was meine Mutter sonst noch einkochte, standen sortiert nebeneinander. Die neue Ernte kam immer nach hinten. Die Gläser trugen fast alle die Erdbeere, in die der Name »Weck« eingeschrieben war. Johann Carl Weck hatte 1895 das Patent für das Einkochverfahren erworben, das bis heute untrennbar mit seinem Namen verbunden ist: »Einwecken« steht seit 1934 als Verb im Duden. Johann Weck wollte von Öflingen aus, heute ein Ortsteil von Wehr, deutschlandweit die Einkochgläser verkaufen, war aber wenig erfolgreich. Der Absatz stagnierte, außer bei Georg van Eyck in Emmerich. Dieser verkaufte laut Firmengeschichte mehr Einmachgläser als alle anderen Händler zusammen. Warum? Eyck hatte erkannt, dass der Verkauf der Gläser allein nicht reicht. Mit praktischen

Vorführungen begeisterte er die Frauen am Niederrhein für die neue Technik und generierte Umsatz. Am ersten Tag des 20. Jahrhunderts gründete van Eyck mit Johann Weck gemeinsam die Firma J. Weck u. Co. in Öflingen, die heute noch besteht und neben den Produkten mit der Erdbeere in ihrem Glaswerk in Bonn auch Gläser für die Lebensmittelindustrie produziert. Gerade Letztere brachten das Unternehmen in jüngster Zeit in eine neue Krise, da die Nachfrage nach diesen Gläser stark sank bei gleichzeitig gestiegenen Energiekosten bei der Produktion. Als bekannt wurde, dass Weck einen Insolvenzantrag stellen musste, handelten die treuen Weck-Kunden sofort. Zwei Tage nach der Nachricht gingen im Onlineshop des Unternehmens dreißigmal so viele Bestellungen ein wie an anderen Tagen. Diese Käufe allein können das Unternehmen nicht retten, aber sie motivierten die Mitarbeiter in dieser schwierigen Zeit und stärkten die Zuversicht, dass einwecken auch in Zukunft mit den originalen Weck-Gläsern machbar sein wird. Während ich diesen Text schreibe, ist noch alles offen.

Schon als Johann Weck 1902 die Firma bereits wieder verließ, wusste niemand, wie es weitergehen würde. Der Firmengründer war so klug gewesen, eine hohe Lizenzvereinbarung abzuschließen. Diese Kosten musste die Firma erst einmal erwirtschaften. Auch die Kriegszeiten des 20. Jahrhunderts stellten das Unternehmen vor erhebliche Herausforderungen. Heute sind Weck-Gläser in Formen und Größen sehr vielfältig geworden und stehen nicht nur auf Vorratsregalen, sondern auch in Restaurants und bei Partys auf dem Buffet. Das Verfahren des Einkochens ist gleichgeblieben, auch wenn man heute nicht mehr gebannt auf das Thermometer schauen muss, um zu kontrollieren, ob die Temperatur im Kessel gehalten wird. Die Gläser wurden nie im Schwarzwald hergestellt, und doch sind sie eng mit dem Wehratal verbunden. Wer dort vorbeikommt, kann ja mal im

Weck-Lädele vorbeischauen. Das wird bestimmt auch weiterhin geöffnet sein, denn irgendwie geht es im Schwarzwald immer weiter.

Traditionen zu pflegen, heißt aber nicht nur, nach alten Techniken zu arbeiten, es bedeutet auch, Feste zu feiern. Oder beides miteinander zu verbinden, so wie die Holzschneflertage in Bernau. Schon der Termin ist Teil der Tradition. Immer am dritten Wochenende im August kommen im Heimatmuseum Resenhof Menschen zusammen, die Schindeln schnitzen, Bürsten machen, mit Goldfäden Muster auf Trachtenstoff sticken, Körbe flechten oder zeigen, wie man eine Wasserleitung durch einen Fichtenstamm bohrt. Wie die Handwerker heute in Bernau arbeiten, zeigt das Forum erlebnis:holz. Da sind dann auch die Menschen vor Ort, die moderne Holzwaren drechseln oder schnitzen. Wer will, kann sein Talent beim Spinnen, Weben oder einer anderen Technik ausprobieren. Mich würde mal das »Sprangen« interessieren. Das ist eine Handarbeit, bei der am Ende ein netzartiges Geflecht entsteht und wofür man wohl nur wenig Arbeitsmittel braucht. Zwei Stuhllehnen sollen reichen, um die Fäden zu spannen, die dann miteinander verkreuzt werden. Mal sehen, vielleicht probiere ich das irgendwann mal aus. Genauso wie Stroh zu flechten. In Schonach hat sich ein Verein gegründet, der die alte Technik weitergeben will. In der dortigen Naturpark-Schule zeigen die Strohflechterinnen den Jungen und Mädchen, wie sie aus langen Getreidehalmen kleine Zöpfe flechten können. Hochkonzentriert sind die Kinder der Grundschulklassen bei der Arbeit. Dem traditionellen Werkstoff des Schwarzwalds schenken auch die Höchenschwander seit dem Jahr 2001 besonderes Augenmerk. Alle zwei Jahre bauen die Vereine des Ortes Skulpturen aus Stroh. In den Monaten vor dem Wettbewerb planen und konstruieren sie Bauwerke, die mindestens lebensgroß sein müssen. Das Stroh wird gewebt, geflochten und zu Fahrzeugen, Figuren und ganzen Szenen zusammengesetzt. Auf einer Wiese an der B 500 im Ortsteil Frohnschwand standen in der Vergangenheit schon mal eine Tankstelle oder ein Feuerwehrauto aus Stroh. In einem Jahr lungerte Sid, das Faultier aus *Ice Age*, mit seiner krassen Herde auf der Wiese herum. Die Kunstwerke aus dem alten Werkstoff sind länger als einen Monat ausgestellt. Jeder, der vorbeikommt, kann seine Stimme für den Beitrag abgeben, der ihm am besten gefällt. Natürlich ist der Wettbewerb erst im Herbst, wenn das Getreide geerntet ist.

Einen der ältesten Berufe im Schwarzwald überhaupt halten ein paar Kilometer östlich von Höchenschwand die Dachsberger Brauchtumsköhler in Erinnerung. Auf dem Köhlerplatz bei Wolpadingen schichten die Männer ein Meter lange Holzscheite ganz regelmäßig liegend und stehend zu einer Halbkugel auf. Ein Kern in der Mitte bleibt frei. Steht die Halbkugel, decken die Brauchtumsköhler das Holz mit einem luftdichten Dach aus Tannenzweigen, Laub und anderen Materialien aus dem Wald ab. Nur die Mitte bleibt wieder frei. Fünf Tage brauchen sie dafür, am sechsten Tag ist es dann so weit. Der Meiler wird in Glut gesetzt. Um das Feuer und Holzgasverpuffungen steuern zu können, sind rundum Löcher in den Meiler eingestoßen. Schließlich soll das Holz nicht verbrennen, sondern verkohlen. Holzkohle ist deutlich leichter als frisches Holz und erzeugt eine wesentlich größere Hitze. Für die Eisenverhüttung und Glasbläserei im Schwarzwald war die Holzkohle wertvolle Arbeitsgrundlage, aber auch ein Beruf, bei dem man ziemlich schmutzig, besser gesagt richtig dreckig wurde. Der Rauchgeruch verließ einen Köhler wohl nie. Nach gut zwei Wochen war damals und ist auch heute die Stunde der Holzernte gekommen. Alle Luftlöcher werden geschlossen, der Meiler in Abschnitten geöffnet. Mit einem Rechen oder einer Schaufel ziehen die Köhler das Material heraus und lassen es abkühlen. Wasser im Holz und leicht flüchtige Bestandteile sind verdampft. Aus 100 Kilogramm Hartholz sind 30 Kilogramm Holzkohle geworden. Ein Grund, ein großes Sommerfest zu feiern mit Musik, Theater und Tanz.

Die Köhlerei wie auch die im Schwarzwald ehemals bedeutende Flößerei zählt die UNESCO zum Immateriellen Kulturerbe. Dieses Erbe ist nicht wirklich greifbar. Es hängt vom Wissen der Menschen ab und auch davon, ob und wie diese ihre Kenntnisse weitergeben. Obwohl sie das tradierte Wissen verändern dürfen, halten sich die Menschen, die diese Traditionen pflegen, streng an die alten Techniken. Gut 100 Jahre nachdem das letzte Floß die Schiltach hinabgefahren war, präparierten Wagemutige wieder Haselzweige, sogenannte Wieden, mit denen sie Holzstämme zu einem Gestör zusammenbanden. 1998 hatten sich im Verein der Schiltacher Flößer Männer zusammengeschlossen, um jene Tradition wieder aufleben zu lassen, die ihrer Heimat über mehrere Jahrhunderte hinweg ein gutes Einkommen gesichert hatte. Bei Festen zeigen sie ihr Können allen Interessierten, ganz im Sinne der UNESCO.

Diese Veranstaltungen zu alten Schwarzwälder Handwerkstraditionen mit viel Musik, Geselligkeit, Essen und Trinken sind erst in den vergangenen zwei, drei Jahrzehnten entstanden. Und doch gehören sie schon zur Tradition im Schwarzwald.

Früher richteten sich die Festtage fast ausschließlich nach dem religiösen Kalender, nicht nur die Fasnet, die vor Beginn der österlichen Fastenzeit noch einmal das pralle Leben feiert. Fast jeder Heilige hatte sein Fest. Der heilige Eulogius zum Beispiel war und ist für Pferde, Gold- und Hufschmiede zuständig. Um ihm die Ehre zu erweisen, stehen die Lenzkircher Reiter am Tag des Eulogi-Ritts früh auf. Um fünf Uhr in der Frühe weckt die Stadtmusik Lenzkirch mit einem Zug durch die Gemeinde, damit auch alle beteiligten Pferde und Reiter pünktlich um acht Uhr vor dem Kurhaus Aufstellung nehmen.

Nach dem Gottesdienst in der Eulogius-Kapelle segnet der Pfarrer die Pferde unter dem Geläut aller Glocken. Das Fest kann beginnen. Die Lenzkircher haben für ihren Eulogi-Ritt den 25. Juni festgelegt oder den Sonntag davor.

Das Wissen, welche Heiligen man so brauchen könnte, holten sich die Bauern in den Kirchen und Klöstern. Die heilige Agathe sollte und soll vor Feuer schützen, Wendelin den Bauern, Hirten, Tagelöhnern und Waldarbeitern beistehen und der heilige Antonius die Schweinezucht günstig beeinflussen, was ihm im Volksmund den Beinamen »Sau-Toni« einbrachte. Er ist neben anderen Heiligen in der Klosterkirche von St. Peter verewigt. Stundenlang könnte man sich in dieser Kirche aufhalten, um die Bedeutung jedes einzelnen Details zu entschlüsseln. Eine Aufgabe, die den Menschen früherer Jahrhunderte leichtgefallen sein dürfte. Sie kannten sich noch aus mit der religiösen Bildsprache, die den Menschen der heutigen Zeit eher ein Buch mit sieben Siegeln ist. Klöster und ihre Kirchen gehörten im Schwarzwald seit den ersten Missionaren des Mittelalters zum Leben. Eine der größten Klosteranlagen des Südschwarzwalds haben die Zähringer mit St. Peter gebaut. Sie wollten eine Grablege für ihre Familie im damals noch sehr dunklen Schwarzwald, die sie zwar einerseits mit einem Tagesritt von Freiburg aus erreichen konnten, die aber andererseits sicher war vor Feinden. Benediktiner lebten in dem Kloster mehr als 700 Jahre lang, wobei das Kloster vier Großbränden ausgesetzt war. Die Gänge des Klosters sind groß und hell, damit die Mönche in der monatelangen Abgeschiedenheit des Winters nicht depressiv wurden, wie ich einmal bei einer Führung durchs Kloster erfuhr. Damals fiel noch viel Schnee, und nicht selten mussten die frommen Männer morgens erst einmal den Kreuzgang freischippen, um zur Kirche zum Gebet zu kommen. Zumindest bis zu jener Zeit, in der dann die Öffnungen in den Bögen verglast waren. Die Mönche im Hochschwarzwald hatten schon besondere Aufgaben zu bewältigen. Eine Symbolik in der Klosterkirche konnte ich dann doch ganz leicht entschlüsseln. Die Uhr in der Orgel steht für die Tradition des Uhrenbaus in St. Peter.

FASNET

Was war ich ahnungslos, als ich Anfang der 1980er-Jahre in Freiburg zum ersten Mal mitten in ein ur-alemannisches Brauchtum hineingeraten bin. Es war ein sonniger, kalter Februartag. Noch ganz in Gedanken beim Alfred-Döblin-Seminar, ging ich von der Uni über die Bertholdstraße Richtung Innenstadt, als plötzlich vom Rathaus her ein solches Prasseln, Knattern und Krächzen einsetzte, dass selbst das Quietschen der Straßenbahn nicht mehr zu hören war. Eine Gruppe von Leuten zog mich mit, geradewegs zum Rathausplatz. Ein unglaubliches Bild. Alle Freiburger Narrenzünfte waren vertreten, Berthold Schwarz auf seinem Denkmalsockel als Freiburger Hexe verkleidet. Die Rätschen der Fasnetrufer knatterten zum Sturm aufs Rathaus und übertönten alle und alles. Kurze Zeit später entrollten die Stadthexen aus einem Rathausfenster ein riesiges weißes Tuch: »Des Huus isch b'setzt.« Es war die Zeit der Hausbesetzungen in Freiburg – und es war Schmotziger Dunschdig.

Fasnet, Häs, Kleidle, Larven, Schemen, Rätschen, Klepperle – das war alles neu für mich. Ich kannte Fasching, Karneval, Helau und ein bisschen Alaaf, Kostüme und Masken, damit bin ich aufgewachsen, aber die Fasnet, das war eine ganz neue Welt. Bei aller Narretei, aller Ausgelassenheit erfuhr ich bald, dass die Fasnet eine ganz ernste Sache ist, vor allem wenn es um die Bewahrung der Tradition geht, weniger beim Feiern. Richtig tief in die Materie bin ich allerdings erst eingetaucht, als unser jüngerer Sohn Benedikt von der Fasnet-Leidenschaft gepackt wurde. Bei ungezählten Narrentreffen und Umzügen rief die ganze Familie stundenlang den Hästrägern lautstark »Narro« auf ihr »Narri« entgegen. Wir lernten Narrensprüchle, wenn das einfache »Narri, Narro« nicht reichte. Wir lasen Bücher des »Fastnachtprofessors« Werner Mezger, korrekt: Professor für Kulturanthropologie und Europäische Ethnologie an der Uni Freiburg, aber eben mit einem Forschungsschwerpunkt zur Narretei im Südwesten, was ihm den Ehrentitel des »Fastnachtprofessors« einbrachte.

Werner Mezger ist kein Schwarzwälder, er kommt aus Rottweil, der ältesten Stadt in Baden-Württemberg, zwischen Schwarzwald und Schwäbischer Alb gelegen. Wie ernst die Narren dort die Tradition nehmen, demonstrierten sie 1953 mit dem Austritt aus dem Verband der schwäbisch-alemannischen Narrenzünfte. Nach Ansicht der Rottweiler ließ der Verband zu viele neue Zünfte zu, die häufig nur die Kleidle anderer kopierten, aber keinen wirklichen Bezug zum Ort hatten. Denn der wirkliche Narr gehört zu seiner Heimat und zeigt ein Stück von ihr. Wie die »Schwarzwälder Tannenzapfen« der Breisgauer Narrenzunft in Freiburg. Die Narren tragen eine braune Schuppenjacke für die Tannenzapfen, eine grüne Hose und grüne Handschuhe für den Wald und einen Schellenbengel, um an die Kuhglocken auf den Schwarzwaldweiden zu erinnern. Verschmitzt grinst das Gesicht eines urigen (Schwarz-)Wälders aus dem Häs – als Holzmaske, versteht sich. Narren haben Humor und nehmen sich auch selbst auf die Schippe wie die Bonndorfer »Pflumeschlucker«. Als die Pflaume den Schwarzwald erreichte, sollen die Bonndorfer die Frucht etwas ratlos in ihren Händen gedreht haben, bevor sie diese mit Stiel und Kern im Ganzen schluckten. Obwohl Bonndorf zum Hochschwarzwald gehört, tragen die »Pflumeschlucker« ein Weißkleid, wie es eigentlich nur auf der Baar zu Hause ist, zum Beispiel beim

Rottweiler »Gschell«. Die Grenzen im Südschwarzwald sind auch in der Fasnet fließend.

Allerdings wird man nie ein »Gschell« in Bonndorf sehen und nie einen »Pflumeschlucker« in Rottweil. Die Narren in Rottweil, Elzach, Überlingen und Oberndorf narren – ja, das gibt es auch als Verb – während der Fasnet nur in ihren Heimatorten, abgesehen von den »Viererbund«-Treffen, die eine der Zünfte alle drei, vier Jahre ausrichtet. 1963 haben sich die vier Fasnet-Rebellen per Handschlag zu diesem Bund zusammengeschlossen und nur innerhalb dessen pflegen sie den Austausch. Ansonsten achten sie darauf, die Fasnet-Tradition in ihren Orten zu bewahren. Für die Rottweiler ist das zwischenzeitlich eine ziemliche Herausforderung. Rund 9000 Narrenkleidle von Gschell, Biss, Fransenkleid, Schantle und Fedarahannes sind zugelassen, vor wenigen Jahren waren es noch ein Drittel weniger. Dabei darf jede Familie pro Jahr nur ein Kleidle für einen Erwachsenen und eines für ein Kind zulassen. Außerdem muss man mindestens fünf Jahre in Rottweil oder einem der Ortsteile wohnen, bevor man überhaupt nur daran denken kann, eine Mitgliedschaft in der Narrenzunft zu beantragen. Für jedes Kleidle gibt es genaue Vorgaben, und nur, wer diese einhält, bekommt eine Zulassung.

Auch diese strengen Regeln können nicht verhindern, dass das Gedränge vor den Rottweiler Narrensprüngen am Rosenmontag und Fastnachtdienstag hinter dem Schwarzen Tor immer größer wird. Genauso wie das Gedränge vor dem Schwarzen Tor. Entlang des Sprungwegs stehen die Menschen mehrreihig und warten darauf, genarrt zu werden. »Geh bloß nicht am Montagmorgen«, hatten mich zwei Rottweilerinnen vor meinem ersten Narrensprung gewarnt. »Da kommen die ganzen Großkopfete.« Schöner sei es am Dienstag. Wir hatten uns bei einer Geburtstagsfeier im weniger närrischen Karlsruhe getroffen. Schnell fanden die beiden Schwestern heraus, wie wenig Ahnung ich vom Jucken und Juchzen in Rottweil hatte. So wollten sie mich nicht ziehen lassen. In einem Schnellkurs machten mich die beiden mit den Basics vertraut. Immer wieder jucken, also hüpfen, und »Hu-Hu-Hu« rufen, Narrensprüchle aufsagen, den Text des Narrenmarschs lernen – die Geburtstagsfeier wurde sehr närrisch. Ich lernte, dass ich nicht erwarten darf, dass Bonbons über mir ausgeschüttet werden. Ich müsse froh sein, wenn ein Narr seine Schatulle für mich öffne. Und dann, bitte schön, nur eine kleine Süßigkeit herausnehmen und nicht das Holzkistchen leeren. Zum Dank ein herzliches »Hu-Hu-Hu« und dazu wieder jucken. Wenn der nächste Narr kommt, Sprüchle aufsagen und hoffen, dass sich die Schatulle wieder für mich öffnet.

Trotz dieser hervorragenden Vorbereitung war ich schon ein bisschen aufgeregt, als ich wenige Wochen später an der Rottweiler Hauptstraße stand. Ein eiskalter Morgen. Wirklich hell war es noch nicht. Kein Mensch sagte »Guten Morgen«, alle juchzten sich an, winkten hoch zu Bekannten, die von ihren Fenstern herabjuchzten. Doch dann wurde es immer ruhiger, bis es sehr, sehr still war. Das fahle Licht und die fast unwirkliche Ruhe ließ eben jene Atmosphäre entstehen, die mir die Rottweilerinnen als fast heiligen Moment schilderten. Eins, zwei, drei, vier, fünf, sechs, sieben, acht. Die Schläge der Uhr am Schwarzen Tor hallten in die Stille hinein. Als die Stadtkapelle mit dem Rottweiler Narrenmarsch die Hauptstraße herabzog, wischte sich der eine oder andere um mich herum verstohlen eine Träne der Rührung aus dem Augenwinkel. Und dann ging es los. »Narro, kugelrund, d' Stadtleut' sind wieder älle g'sund«, riefen wir unermüdlich und brachten manchen Narr dazu, bei uns stehen zu bleiben und seine Schatulle zu öffnen. Manchmal öffnete ein Fransenkleidle oder Schantle auch ein kunstvoll gestaltetes Buch, das sie mit sich trugen, und »strählten« einen der

Einheimischen. Wem im zurückliegenden Jahr irgendein Missgeschick passiert war, hörte die Geschichte jetzt noch einmal aus Narrenmund, ausgeschmückt und zugespitzt, aber immer getreu dem Rottweiler Fasnetmotto: »Jedem zur Freud' und niemand zu Leid«.

Die Fasnet ist uralte Tradition im Südschwarzwald und seit 2014 immaterielles Kulturerbe der UNESCO. In Rottweil wird das Wort »Fasnet« erstmals 1310 in einer Urkunde erwähnt, im 17. Jahrhundert ist in einem Ratsprotokoll die Rede von einem Narrensprung. Die Tage vor Aschermittwoch waren in Rottweil und im Schwarzwald eine sehr betriebsame Zeit. Schweine wurden vor der Fastenzeit geschlachtet, fette Speisen zubereitet, Schnaps und andere Alkoholika flossen, bevor dann die Wochen des Verzichts begannen. Und es wurde genarrt. Die Schweinsblasen, mit denen die Elzacher Schuttig und etliche andere Narrenfiguren um sich schlagen, waren damals Überbleibsel der vorangegangenen Schlachttage, vor allem am Schmotzigen Dunschtig. Den Regierenden war das wilde Treiben oft suspekt, weshalb mehrmals Verbote erlassen wurden, Fasnet zu feiern. Aber die Narren setzten sich immer wieder durch und waren nicht unterzukriegen. 1924 gründeten Narren aus dreizehn Orten die Vereinigung der schwäbisch-alemannischen Narrenzünfte und trafen sich von da an regelmäßig zu gemeinsamen Narrentagen. Aber nie über das eigentliche Fastnachtwochenende, denn da blieb ein jeder in seinem Dorf oder in seiner Stadt.

Ein so altes Brauchtum wie die Fasnet stiftet Identität in einem Ort. Narren kommen von weit her in die Heimat zurück, um ins Häs zu schlüpfen, die Larve aufzuziehen und durch die Straßen zu jucken. Die schwäbisch-alemannische Fasnet ist vor allem eine, die auf der Straße stattfindet, in Schramberg auch auf dem Wasser. Ursprünglich war die »Da-Bach-na«-Fahrt eine für die Schwarzwälder typische

Protestaktion. Junge Männer lehnten sich mit diesem Umzug der anderen Art gegen die verkrusteten Strukturen in der Narrenzunft auf. Das war 1936 und ist heute keine Demonstration mehr, sondern ein etablierter Umzug, der am Rosenmontag rund 30.000 Schaulustige anzieht. Vierzig Holzzuber werden dafür zugelassen, die die teilnehmenden Gruppen während der drei Wochen vor Rosenmontag aufwendig nach einem meist lokalen Motto gestalten. Kaum zehn Minuten fahren die Zuber auf der Schiltach, aber nicht jedes Team kommt trocken an, besser gesagt die wenigsten schaffen das.

Ich weiß nicht, wie es jemandem geht, der in einem solchen Fastnachtsort lebt, aber mit der Narretei so gar nichts anfangen kann. Die Fasnet ist ja irgendwie das ganze Jahr über präsent, das Zusammengehörigkeitsgefühl in der Zunft groß. Kinder spüren das schon früh und wollen dazugehören, beim Narrensprung dabei sein, nicht nur am Straßenrand stehen, auch wenn sie ein wenig Angst haben. In vielen Orten gibt es für den »Narrensamen« eigene Kinderumzüge wie am Schmotzigen Dunschdig in Elzach für die Kinderschuttig. An der Hand ihrer (Schuttig-)Eltern oder im Kinderwagen lernen sie das uralte Brauchtum kennen, schwingen die Saublasen und freuen sich über Wurscht und Weck. Welch ein Kontrast dazu der Fackelumzug der großen Schuttig am Fasnachtsonntag. Im Dunkeln wirken die Schuttig noch wilder als bei Tag. Sie schleudern Saublasen oder lassen Streckscheren ausfahren. Die wenigsten Larven lachen. Es ist unglaublich laut – und manchem zu wild. Und doch auch wieder tief beeindruckend, wenn die wilden Kerle in ihren roten Fleckle-Anzügen, wie das Häs hier heißt, am Ende des Umzugs um die Feuerschale am Bärenplatz tanzen, bevor sie die Fackeln dort hineinwerfen.

Die Vielfalt der Larventypen in Elzach sei einzigartig in der schwäbisch-alemannischen Fasnet, sagen die Schuttig. Wie viele Maskenträger es insgesamt gibt, ist vermutlich ungezählt. Die Schnitzer und einige wenige Schnitzerinnen haben gut zu tun. Während des gesamten Jahres arbeiten sie aus einfachen, gut abgelagerten Holzstücken, meist von der Linde, mit Schnitzeisen und Schlegel die typischen Merkmale einer Narrenfigur heraus, passgenau für den Auftraggeber. Solide Schwarzwälder Handwerkskunst eben.

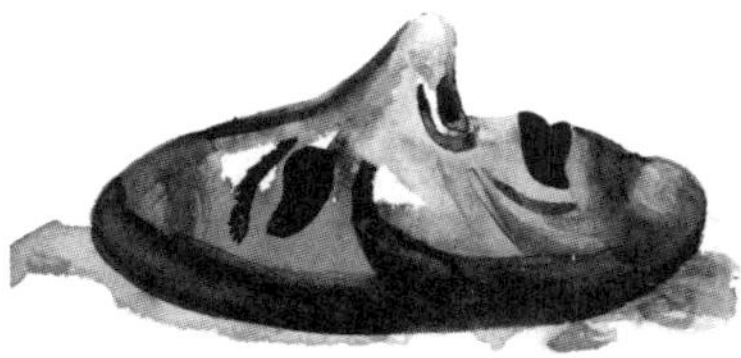

SCHWARZWÄLDER KIRSCHTORTE

Vermutlich werde ich am Ende meines Lebens das teuerste Stück Schwarzwälder Kirschtorte am Neujahrstag 1985 gegessen haben. Rund zwölf Mark kostete das Stückchen Sehnsuchtstorte damals. Mit Freunden saßen wir in einem kleinen Café in Moustiers-Sainte-Marie, einem der schönsten Dörfer Frankreichs nahe der Verdonschlucht, und ich konnte nicht widerstehen. Es war eiskalt, der Wind blies heftig um jede Häuserecke, und wir eroberten den letzten freien Tisch in jenem kleinen Café, das doch tatsächlich Schwarzwälder Kirschtorte anbot. Ich traute meinen Augen nicht, fragte noch mal nach. Ja, das sei eine »forêt-noire«. Ich bestellte – und bezahlte später knapp 40 Francs für den Kuchen. Hatte ich da etwas falsch verstanden? Nein, das war der Preis für das Stückchen Heimat, das im Schwarzwald höchstens als halbe Portion durchgegangen wäre. Könnte ich heute nochmals so viel Sehnsucht nach einem warmen Kachelofen und einem Stück Schwarzwälder haben, dass ich 12 Euro für ein (halbes) Stück Torte bezahlen würde? Ich will es nicht ganz von der Hand weisen …

Essen ist Heimat, und manchmal braucht jeder und jede ein bisschen Heimat, gleich wie weit man davon entfernt ist. Sei es Labskaus, »Himmel un Ääd«, seien es Linsen mit Spätzle – die ich einem unserer Söhne mal nach Barcelona geschickt habe – oder eine Leberkäse-Semmel. Oder eben Schwarzwälder Kirschtorte. Dabei bin ich gar nicht der große Schwarzwälder-Fan. Eigentlich ist mir die Torte viel zu gehaltvoll. Seit ich dann auch noch gelesen hatte, dass ein Stück Schwarzwälder so viele Kalorien wie ein Mittagessen liefert, schmeckte mir die Torte noch weniger. In meiner Familie gehörten Käsesahne und Frankfurter Kranz zu den Festtagskuchen. Kirschtorte eher nicht. Ganz im Gegensatz zur Familie einer meiner Freundinnen aus Freiburg, deren familiäre Wurzeln bis in den Hochschwarzwald reichen. Bei der Taufe ihrer Tochter, die heute auch schon älter als 30 ist, habe ich zum ersten Mal ihre hausgemachte Schwarzwälder gegessen. Und dann immer wieder, natürlich auch bei der Hochzeit der Tochter. Ein Gedicht, kann ich da nur sagen.

Ich habe großen Respekt vor allen, die so ein Torten-Kunstwerk selbst machen. Wobei es angeblich gar nicht so schwierig ist, eine Schwarzwälder zu bauen. Bauen? Ja genau bauen, denn gebacken werden ja nur die Böden. Dass es ganz einfach sei, sagen die Menschen allerdings immer, die etwas besonders gut können. Da muss man genau schauen, wer spricht. Eine meiner Chorfreundinnen zum Beispiel. Auch für sie ist die Kirschtorte ein Klacks. Sie hat allerdings schon am Kirschtortenfestival in Todtnauberg teilgenommen. Für mich ist sie damit eindeutig eine Expertin, auch wenn sie in der Amateurgruppe angetreten ist und nicht bei den Profis. Im Kurhaus von Todtnauberg treffen sich alle zwei Jahre Kirschtortenfans, die entweder die Torte montieren oder zusehen, wie andere das machen und anschließend von den fertigen Werken kosten. 20 Minuten haben die Mutigen Zeit, ihre Schwarzwälder zu kreieren, wobei ihnen die Jury genau auf die Finger schaut, denn zu den Bewertungskriterien gehört auch das handwerkliche Geschick. Neben Geschmack und Optik. Die Optik ist es vor allem, die mich zweifeln lässt, ob ich zur Tortenbäckerin tauge. Diese kleinen Sahnetupfer obendrauf zum Beispiel. Ob ich es doch mal versuchen soll? Wann, wenn nicht jetzt, denke ich mir, während ich diese Zeilen schreibe.

Ich bin überrascht, wie viele Schwarzwälder-Rezepte ich zu Hause finde. Obwohl stets ein dunkler Biskuit, Kirschen, Sahne und Kirschwasser dazu gehören, sehen die Torten immer unterschiedlich aus - und schmecken auch so. Das ist mein Resümee nach einer jüngsten Verkostungstour durch den Hochschwarzwald. Nehmen wir das Kirschwasser. Als die Kirschtorte vor knapp 100 Jahren ihren Siegeszug antrat, stellte sich vermutlich selten die Frage, ob Schnaps in die Torte rein soll oder ob nicht auch Kirschsaft passt. Allerdings wenn man Ja zum Schnaps sagt, dann ist viel nicht unbedingt fein. So ein stark alkoholisch durchtränkter Biskuitboden schmeckt einfach nur noch nach Sprit. Da ist nicht mehr viel mit feinem Aroma. Nach dem Schnaps stellt sich die Frage, wie viele Eier in den Biskuit rein sollen. Meine Rezepte reichen von fünf bis neun Eiern. Ich entscheide mich für sieben. Und damit für ein Rezept der Landfrauen, die das wunderbare Café Goldene Krone in St. Märgen betreiben. Ein Ort zum Ankommen und Sein. Gerne in der Sofa-Ecke, aber auch auf der Eichenbank an einem der Tische aus Glottertäler Kastanienholz. Sehr gerne mit Blick auf die Kuchenvitrine, in der natürlich auch eine Schwarzwälder steht. An manchen Tagen kommt drei- oder viermal Nachschub aus der Küche. Dort backen die Frauen zwischenzeitlich nach einem Standardrezept. Als das Café im Jahr 2004 eröffnet wurde, gab es so viele Rezepte für die Original Schwarzwälder Kirschtorte wie Bäckerinnen. Auch wenn – oder gerade weil – das Café sehr familiär geführt wird, erwarten die Gäste, dass der Kuchen bei ihrem nächsten Besuch wieder genauso schmeckt wie zuvor. Mit Omas Käsekuchen bei Familienfesten geht es uns auch nicht anders.

Die Goldene Krone ist ein echtes Schwarzwälder Projekt. Damit meine ich jetzt weniger den Kuchen als die Menschen. Ursprünglich als Pilgerherberge gebaut, verwandelte sich die

Unterkunft nach Auflösung des Klosters St. Märgen in das Dorfgasthaus Krone. Als zu Beginn des 20. Jahrhunderts Feriengäste den Schwarzwald entdeckten, stockte ein Hotelier das Haus auf und entwickelte es zum Grandhotel Goldene Krone mit allem Luxus, den die Gäste von einem solchen Haus erwarteten. Ein Treffpunkt für Menschen mit Stil, für Feingeister und eben alle, die es sich leisten konnten. Bis der Schwarzwald aus der Mode kam. In den 1960er- und 70er-Jahren des vergangenen Jahrhunderts waren Italien und Spanien beliebtere Urlaubsziele als das strandlose Mittelgebirge. Das Grandhotel musste schließen, und das Gebäude stand viele Jahre leer. Ein paar Jahre wohnten Asylsuchende in dem Haus, dann nur noch streunende Katzen. Der Abriss stand an. Da ergriffen einige St. Märgener die Initiative. Sie erstellten einen Plan für das Gebäude mit neun Wohnungen, einem Atelier, der Renovierung des Jugendstilsaals für Veranstaltungen und einem Gastronomiebetrieb. Die Sanierungsarbeiten liefen gut, samstags packten ehrenamtliche Helferinnen und Helfer an. Die verwendeten Materialien kamen aus dem Schwarzwald, der Kachelofen allerdings ist eine Attrappe. Dahinter versteckt sich eine moderne Fernwärmeheizung, die die Energie von der genossenschaftlich betriebenen Holzschnitzelanlage im Dorf bekommt. Damit dann doch wieder echt Schwarzwald. Nach knapp zwei Jahren konnte die Eröffnung geplant werden. Einzig ein Pächter für den Gastronomiebetrieb fehlte - und war auch nicht zu finden. Das Projekt drohte zu scheitern. Da ergriffen die Landfrauen die Initiative.

Landfrauen sind nicht per se Bäuerinnen, sondern einfach Frauen, die im ländlichen Raum leben. Einige von ihnen fanden sich zusammen und gründeten das Landfrauencafé. Sie schenkten St. Märgen damit nicht nur einen Treffpunkt, sondern schufen Arbeitsplätze. Und sie sammelten Erfahrungen. Viele Erfahrungen. Zwischenzeitlich sind nicht nur die Kuchenrezepte standardisiert, auch die Abläufe. Das klingt ein wenig nach steriler Atmosphäre, ist es aber ganz und gar nicht. »Menschlichkeit statt Perfektion«, dieser Grundsatz aus der Anfangszeit gilt bis heute. Das erlebe ich immer wieder in der Goldenen Krone. Deshalb gehe ich so gerne hin. Und auch weil die Menschen, die ich dort treffe, so unterschiedlich sind. Menschen in Filzkleidung und dicken Wollsocken, Menschen in farbintensiver Funktionskleidung, Menschen, die aussehen, als kämen sie gerade von der Arbeit an der Staffelei, Menschen in Businesskleidung und Menschen, die sich hier nach vielen Jahren wieder einmal zusammenfinden und bei Kaffee und Kuchen Erinnerungen an ihre längst vergangene Schulzeit in St. Märgen austauschen. Ich mag auch die kleinen Buttergebäck-Krönchen auf der Untertasse und die Tatsache, dass hier konsequent regionale Produkte verarbeitet werden. Zum Beispiel rund 3000 Liter Sahne pro Jahr. Das erinnert mich an meine Einkaufsliste für das Schwarzwälder-Projekt …

Ich brauche für meine erste Schwarzwälder nur einen Liter Sahne und den am Ende auch nicht ganz. Ja, ich habe es tatsächlich gewagt und bin auch ziemlich zufrieden. Vom Aussehen her würde ich sagen: »schwungvolle Variante des Klassikers«. Will heißen, mit der Palette locker drapierte Sahne rundum, die Rosetten für die Kirschtorte eher hingeworfen als exakt mit dem Beutel gespritzt. Die Bisquitböden gelungen, wenn auch vielleicht ein wenig zu lange gebacken, sodass der Tortenbodenschneider nicht so richtig durch den Rand durchkommt. Also das große Messer aus der Schublade genommen, aber damit wird es halt nie so ganz gleichmäßig. Der mittlere Boden hat ein Loch. Da kommen Krümel rein und Sahne drauf. Das passt. Es schaut mir ja kein Juror über die Schulter.

MARKT UND HÖFE

Als ich in Freiburg studierte, also zu einer Zeit, in der es noch richtig kalte Winter gab, hingen bei einem Metzger im Dezember und Januar tote Hasen und Fasane vor der Tür. Die Hasen in Felldecke, Kopf nach unten, die herbstbunten Fasane im Federkleid, dekoriert mit Tannenreisig. Ich war gleichermaßen erschrocken wie fasziniert. Als Mädchen vom Lande hatte ich schon viele tote Hasen gesehen, die abhängen mussten, bevor sie zu Weihnachten in den Schmortopf kamen. Ich war auch bei einigen Schweineschlachtungen dabei gewesen. Aber mitten in Freiburg verwirrten mich die toten Tiere sehr. Jene Metzgerei mit den Hasen gibt es nicht mehr. Die Winter sind wärmer geworden, und vermutlich würden Hygienegesetze eine Präsentation vor der Tür gar nicht mehr erlauben. Außerdem essen Menschen heute anders als vor vier Jahrzehnten. Der Freiburger Münstermarkt hat diesen Wandel mitgemacht.

Hat er das wirklich? Nur zehn der rund hundertdreißig Betriebe, die rund ums Münster ihre Stände aufbauen, sind biozertifiziert. Die Menschen in der Ökostadt Freiburg nehmen das zur Kenntnis und kaufen beim Bauern ihres Vertrauens ein, ob mit oder ohne Biolabel. Man geht einfach davon aus, dass die Bauern verantwortungsvoll mit der Natur umgehen und gesundes Obst und Gemüse auf den Markt bringen. Manchen Birnen sieht man auch sofort an, dass sie weder gespritzt noch besonders gedüngt wurden. Schönheitswettbewerbe würden sie keine gewinnen, aber Geschmackswettbewerbe. Einige Kunden und Verkäufer kennen sich seit vielen Jahren. Man erzählt sich von Kindern und Haustieren, lacht zusammen und probiert im Herbst vom neuen Süßen. Gekauft wird, was Saison hat. Etwas anderes haben die Bauern vom Kaiserstuhl, vom Tuniberg, aus dem Markgräflerland oder aus dem Glottertal auch gar nicht im Angebot. An diesen Ständen habe ich gelernt, wie viele wunderbare Kartoffelsorten es gibt, und erstmals rote Kartoffeln gekauft. Seitdem immer wieder. Hier packten Kundinnen schon vor Jahrzehnten mitgebrachte Tüten aus, um sich ihren Feldsalat oder die erdigen Karotten abfüllen zu lassen, lange bevor sich das allgemeine Mehrweg-Bewusstsein entwickelte. An diesen Ständen habe ich allerdings auch schon sehr gefroren. Traditionell stehen die Bauern auf der Nordseite des Münsterplatzes. Gut fürs Obst und Gemüse, aber im Sommer ist der Temperaturunterschied zur Südseite des Münsters dann doch deutlich spürbar. Fein, dass es dort zur wärmenden Sonne auch den hervorragenden Kaffee einer kleinen Rösterei gibt.

El Purica, diese kleine Kaffeerösterei eines deutsch-costaricanischen Paars, steht dann doch wie einige andere Betriebe für den Wandel des Münstermarkts. Bäuerinnen und Bauern haben schon 1120, als Freiburg Marktrecht erhielt, auf dem Münstermarkt verkauft. Allerdings damals weniger auf dem Münsterplatz als zwischen Martinstor und Münster, auf der Kaiser-Joseph-Straße und in der Salzstraße. Eine mannshohe Mauer rund ums Münster ließ den Kaufleuten nicht viel Platz. Verkauft wurde in den Straßen und am Münster alles, was die Menschen brauchten. Fleisch, Holz, lebende Tiere, Wein, Korn, Brot, Stoffe und vieles mehr. Wo Handel betrieben wird, kommt es hin und wieder zu Meinungsverschiedenheiten. Waren die zehn Ellen Stoff, die der Tuchhändler abgemessen hatte, wirklich zehn Ellen lang, oder war die Elle des Händlers vielleicht etwas kürzer, als sie sein sollte? In solchen

Zweifelsfällen konnten die Kontrahenten ans Hauptportal des Münsters ziehen und nachmessen, denn dort sind bis heute verschiedene Maße eingeritzt, die im Mittelalter galten. Schauen Sie mal, ob Sie die Elle finden. Sie ist besonders tief in den weichen Sandstein eingelassen. Nachdem neben den Klöstern im Mittelalter immer mehr Bäcker Brot backen und verkaufen durften, gab es auch um die Größe der Laibe immer wieder mal Streit. Am Münster finden sich verschiedene Brotmaße, an denen misstrauische Kunden überprüfen konnten, ob sie genug Ware fürs Geld bekommen hatten. Ein Freiburger Bäcker hat eines der Maße aufgenommen. Sein Augustinerlaib passt genau auf den Kreis links vor der Portalhalle des Münsters.

Als im Jahr 1785 die Mauer ums Münster abgebaut wurde, hatte dies einen großen Andrang neuer Händler zur Folge, weshalb der Platz bald wieder nicht mehr reichte und einige Produkte ausgelagert werden mussten. Wer über den »Kartoffelmarkt« jenseits der Kaiser-Joseph-Straße oder den »Holzmarkt« außerhalb des Martinstors geht, weiß, was dort zum Verkauf stand. Kaffee nicht, auch wenn dieser im 18. Jahrhundert zumindest in besser gestellten Kreisen gerne getrunken wurde. Heute leben wir eher in einem Zeitalter des Kaffeekults und viele kleine Röstereien versuchen, der Kaffeebohne eine individuelle Note zu geben. Bei El Purica ist das richtig gut gelungen, vor allem, wenn man den Kaffee vor Ort trinkt. Jeden Morgen stellen sie an dem Ministand die Maschine neu ein, nachdem jemand Wasser in Kanistern vom historischen Kaufhaus zum Wagen geschleppt hat. Zu den ersten Kunden zählen die Kolleginnen und Kollegen von den Nachbarständen, die ja auch alle schon seit 6 Uhr da sind. Von diesen muss keiner mehr sagen, was er trinken möchte. Die Kaffeevorlieben sind bekannt.

Wenn ich an Samstagen gegen Mittag meinen Espresso genieße, bin ich froh, meine Einkäufe im Korb zu haben.

Samstags zwischen 11 und 13 Uhr ist Rushhour, sagt die Marktstatistik. Aber dazu braucht man keine Zahlen. Das erlebt jeder, der zu dieser Zeit rund ums Münster unterwegs ist. Die einen am Kaffeestand, die anderen bei einem Apéro vor der Alten Wache, die anderen mittendrin. Schnell geht dann gar nichts mehr. Aber wieso auch. Markt ist Lebensqualität. Hier die Pilze vom Schlossberg, dort die Kräuter vom Kaiserstuhl, frisch oder getrocknet, Südfrüchte vom Orangenmann aus Sizilien, Keramik, Holzschalen, Bürsten, Blumen, Schwarzwälder Schinken, Forellen frisch oder geräuchert, Ziegenkäsespezialitäten und mittendrin ein Paradiesvogel mit dem Namen Ireneus Frost. Ich erinnere mich noch sehr gut an die Anfänge des damals jüngsten Marktbeschickers mit dem märchenhaften Namen, der so echt ist wie seine Fruchtaufstriche, Essige oder Senfe. Mit zehn verschiedenen Sorten »Schlecksel«, oder «Guts«, wie die Freiburger sagen, fing 2007 alles an. Heute sind es rund zweihundert Varianten, wobei es nicht immer alle Sorten gibt. Auch Marmelade ist Saisonware. Streng genommen ist Marmelade nur für Produkte aus Zitrusfrüchten das richtige Wort, aber im Süddeutschen schert sich da niemand drum, der nicht Etiketten korrekt beschriften muss.

Wer erst einmal kosten möchte, bevor er kauft, bekommt von den meisten Marktleuten ein »Versucherle«. Frühaufsteher sind beim samstäglichen Frühstück kurz nach 7 Uhr richtig. Da trifft man die Marktmeister, kommt mit den Anbietern ins Gespräch, »schnabuliert« und kostest, mal hier, mal dort. Einziger Nachteil: Die Tickets sind in der Regel weit im Voraus ausgebucht. Auch die Plätze bei den Genussführungen samstags am späteren Vormittag sind schnell vergeben. Da muss man dann doch auf eigene Faust losziehen. Aber wo beginnen? Auf der Internetseite des Münstermarkts sind verschiedene Touren vorgeschlagen, je nachdem, ob man Lebensmittel oder Geschenke einkaufen möchte. Allerdings muss man wissen, dass nicht jeder Stand jeden Tag auf dem Markt ist. Aber dafür gibt es für jeden Markttag einen Lageplan im Netz. Auch wenn wir mal nicht so recht wissen, was wir kochen wollen, stöbern wir dort in den Rezepten und schreiben dann erst den Einkaufszettel.

Nicht jeder schafft es wie Ireneus Frost, sich mit seiner neuen Geschäftsidee am Münstermarkt zu etablieren, oder wie Stefan Lindner mit seinen kleinen Käsekuchen, für die die Menschen in langen Schlangen anstehen. Aber immer wieder wagen junge Menschen das Experiment Markt und sorgen für einen steten Wandel rund ums Münster. Wie auch die Leute vom Tofu-Stand auf der Südseite. Sie bieten eine vegane Alternative zur Freiburger Kultwurst, der Langen Roten. Die ersten Kunden beißen morgens um 8 Uhr in die lange dünne Wurst mit der roten Haut. Da bin ich noch nicht dabei. Ich warte, bis die Sonne den Fischbrunnen erreicht hat und genieße dann mit Blick aufs Münster und den Schlossberg meine Lange Rote. Am liebsten im Freiburger Münsterbengel mit »e weng« Zwiebeln und »e wenig« Senf. Zu meinen Füßen sitzt Hermine, unser Rauhaardackel, und wartet darauf, dass etwas von der Wurst runterfällt. Die Tauben, die auf nichts anderes lauern, vertreibt sie allein durch ihre Anwesenheit. Während ich immer, wirklich immer, eine Lange Rote nehme, nutzt mein Mann die Auswahl an den Wurstständen und bestellt mal Merguez, mal Kurze Rote, mal Rindswurst, mal Bratwurst und manchmal auch Lange Rote. Der Freiburger an sich bestellt die Spezialität vom Münstermarkt an seinem Stamm-Stand mit Zwiebeln und ohne Knick. Wer nicht so geübt ist, Würste von mehr als 30 Zentimeter Länge zu essen, sollte sich diese halbieren lassen. Die meisten Händler braten und grillen zwischen 8 und 14 Uhr, an einem Stand geht es erst um 14 Uhr los. Die Versorgung der Wurstliebhaber über den Tag hinweg ist gesichert. Der Preis allerdings nicht. 2022 mussten die Wurstesser für eine Lange Rote erstmals mehr als 3 Euro bezahlen, was zu heftigen Diskussionen in Freiburg führte.

Die Lange Rote ist so etwas wie ein Grundnahrungsmittel in Freiburg, das sich jeder leisten können sollte. Aber auch bei der Wurstherstellung sind die Energiekosten gestiegen.

Bevor ich den Münstermarkt verlasse, nehme ich mir manchmal ein Gewürz mit, das unerlässlich ist für ein anderes Grundnahrungsmittel von uns Badenern: Brägele. Wir müssen kurz darüber sprechen, dass Brägele nicht einfach Bratkartoffeln sind und dass ein Brägel etwas anders ist als eine Rösti. Fangen wir mit dem Brägel an. Das Hochschwarzwälder Urgericht wird immer aus gekochten Kartoffeln gebraten, für eine Rösti raspelt man die rohen Kartoffeln. Der Grund-Brägel besteht nur aus gekochten und danach geriebenen Kartoffeln, die mit Salz und Pfeffer gewürzt sind und in Schmalz gebraten werden. Das musste auf manchem Bauernhof früher mit einem Glas Milch als Mittagessen reichen. An manchen Bauerntischen gab es Ei und Speck zum Brägel. Seit die Hochschwarzwälder Gastronomen das alte Gericht neu entdeckt haben, kann man sich durch diverse Variationen schmausen. »Brägeln« bedeutet im Alemannischen vor allem »braten«. Und zwar gemütlich braten, sich Zeit fürs Kochen lassen. Während der Brägel aus geriebenen Kartoffeln als großer Taler in der Pfanne vor sich hinbrät, werden die gekochten Kartoffeln für die »Brägele« ganz fein geschnitten. Sie sollten über Nacht ausgekühlt sein. Das ist für den Braterfolg genauso wichtig wie eine gute vorwiegend festkochende oder festkochende Kartoffelsorte, sagen wir mal Sieglinde, Annabelle oder Nicola. Zum Braten muss es nicht unbedingt Schmalz sein, Rapsöl beispielsweise ist auch bestens geeignet. Die Kartoffelscheiben kommen etwa fingerdick hoch in eine Eisenpfanne, sofern man eine hat, und werden dann erst einmal in Ruhe gelassen. Dafür darf die Pfanne nicht zu heiß sein. Eine Viertelstunde sollte man den Brägele gönnen, bevor man sie wendet. Und es ist ernst gemeint: die Kartoffeln, während sie braten, wirklich in Ruhe lassen. Auch beim Wenden vorsichtig größere Teile umdrehen und nicht wild mit dem Kochlöffel in der Pfanne herumkratzen. Salz und Pfeffer dürfen dazu, und bei mir das »Brägili-Gwirz« vom Freiburger Münstermarkt. Das geht auch zu Fondue, Raclette oder Steak, aber eben besonders gut zu Brägele. Neben Salz, Pfeffer und Paprika sind unter anderem Koriander, Honig und Cumin drin. Zu Brägele kann man eigentlich alles essen. Ich mag »Bibeliskäs«: Quark, der durch ein Haarsieb gestrichen wird, mit Sahne, Kräutern und Gewürzen. Den mochte ich schon als Kind bei meiner Großmutter Theresia, auch wegen des lustigen Namens. »Bibeli« sind im Alemannischen zum einen Küken, aber auch kleine Knubbel. Letztere sind vermutlich die Namensgeber für das Gericht, da diese entstehen, wenn der Quark durchs Sieb gestrichen wird.

Essen auf einem Markt einzukaufen, bei dem die Bäuerinnen und Bauern selbst hinter dem Stand stehen, ist etwas sehr Persönliches, Direktes. Man sieht, wer die Kartoffeln gesetzt oder den Salatkopf geerntet hat. Das ist etwa so unmittelbar, wie wenn man direkt beim Winzer seinen Wein kauft. Noch persönlicher wird der Einkauf, wenn die Kundschaft sich auf den Weg zu den Läden auf den Bauernhöfen macht. Aber auch aufwendiger. Während am Markt ein Rundgang genügt, um alles zu bekommen, was man braucht, muss man schon deutlich mehr Strecke machen, um die Spezialitäten der Bauern in den Hofläden zu kaufen. Viele Direktvermarkter haben weder Zeit noch Personal, um auf Märkten zu verkaufen, sondern richten kleine Läden ein, wo sie zu bestimmten Öffnungszeiten das verkaufen, was sie ernten und herstellen. Absolut frisch und saisonal. Das macht einen nicht unwesentlichen Teil des Einkommens auf den Höfen aus. Bei den einen steht Honig in den Regalen, andere bieten Produkte rund um Schwein, Ziege oder Alpaka an oder die berühmte Schwarzwaldforelle. Einige Bauern verkaufen aus ihrer Milchwirtschaft Käse, Quark, Joghurt und Butter. Bei den Mitgliedsbetrieben des Vereins Käseroute kann man von

Elzach im Schwarzwald über Hüfingen auf der Baar bis nach Schopfheim am südwestlichen Rand des Hotzenwalds die Vielfalt der Schwarzwälder Käse kennenlernen. Leider sind die Läden nicht immer geöffnet, wenn ich gerade in der Nähe unterwegs bin. Hofläden sind eben keine Supermärkte oder Spätis. Manche Höfe haben aber so etwas wie einen Späti-Ersatz. Lebensmittelautomaten, teilweise sogar mit EC-Lesegerät. In den Fächern liegen viele der typischen Produkte aus dem Schwarzwald. Meist kann man auch frische Milch zapfen, sofern man Kuhmilch mag und verträgt. In der Regel stehen Pfandflaschen bereit für alle, die gerade kein passendes Gefäß dabeihaben. Aber Vorsicht. Nicht überall, wo »Milchhisli« draufsteht, ist tatsächlich auch Milch drin. Das »Milchhisli« am Westwegabschnitt von Hinterzarten zum Feldberg ist eine Getränkestation, die nach alter Tradition im frischen Brunnenwasser Bier, Wasser und Saft kühlt. – Aber unerklärlicherweise trotz des Namens keine Milch.

Die Automatenläden sind die eine Alternative, wenn die Öffnungszeiten der Hofläden nicht richtig passen. Aber es gibt noch eine weitere, umfassendere Alternative, die Naturpark-Scheunen. Seit 2010 ist die Rainhof-Scheune in Kirchzarten bei Freiburg geöffnet und seit 2022 Wälder:Genuss in Feldberg-Bärental. Einheimische kaufen dort genauso ein wie Touristen, die ihren Rucksack für die Wanderung oder ihren Picknickkorb packen oder für zu Hause vorsorgen. Geöffnet ist an sieben Tagen die Woche. Die Naturscheune in Bärental ist noch größer als die Scheune in Kirchzarten. Mitten im Schwarzwald gibt es einfach alles, was in der Region produziert wird. Dabei umfasst die Region nicht nur den Südschwarzwald, sondern auch den Kaiserstuhl, den Tuniberg, den Hochrhein, das Markgräflerland und selbst die Ortenau im Norden. Wer Brezeln backen will, findet Lauge für den charakteristischen Geschmack und die braune Farbe genauso wie eine Vielfalt an Mehlsorten, Weinen, fast alle Biersorten, die im Südschwarzwald gebraut werden, Gemüse, Designprodukte aus Holz, Honig, Schokoladen, Seifen, frische Milch, abgelagerten Käse. Ich kann hier nicht alles aufzählen, was es in den Scheunen gibt. Vielleicht nur noch ein Produkt: Bücher über den Schwarzwald und solche, die im Schwarzwald spielen.

GASTHÄUSER

Allmählich wird der Sternenhimmel über dem Südschwarzwald wieder heller. Jener mit Sternen ausgezeichnete gastronomische Himmel, der Gourmets Umwege fahren oder gar Urlaube buchen lässt. Nachdem Douce Steiner in Sulzburg am Rande des Schwarzwalds lange die einzige Köchin mit zwei Michelin-Sternen war, hat 2023 Niclas Nussbaumer zwei Sterne mitten in den Hochschwarzwald an den Schluchsee geholt. Gleichzeitig ging über drei Restaurants in Freiburg jeweils ein neuer Stern auf. Großer Jubel in den Küchen, auch bei den Häusern, die ihren Stern oder ihren grünen Nachhaltigkeitsstern halten konnten. Und vermutlich das eine oder andere enttäuschte Gesicht am Herd, wenn es nicht für die große Auszeichnung gereicht hat. Die Spitzenklasse ist aber nur ein Teil der äußerst vielfältigen kulinarischen Region im und um den südlichen Schwarzwald herum. Die Strauße beim Winzer, das Wirtshaus mit badischer Küche, Lokale mit internationaler Karte, das feine kleine Restaurant in Freiburg mit lediglich zwei Menüs zur Wahl – sie alle stehen für die Freude am Kochen und die Gastfreundschaft, die diese wunderschöne Gegend ausmachen.

An einem Holztisch zu sitzen, dem man seine Vergangenheit ansieht, ein Glas Wein zu trinken, mit Freunden oder Fremden zu reden, dazu ein feines Essen – ich liebe solche Abende in einem der urigen alten Schwarzwaldlokale. Holzvertäfelte Wände, ein Kachelofen in der Ecke, wenig

Schnickschnack und keine Maggi-Flasche auf dem Tisch. Oft gibt es einen großen Tisch, an dem man beieinandersitzt, ob man sich nun kennt oder nicht. Meist beginnen die Gespräche über das, was man gerade isst oder trinkt. Dann weiter, woher man kommt, seit wann man an diesen Tisch kommt. Manchmal stockt das Gespräch, manchmal geht es weiter. Mal mit schwytzerdütschem Akzent, mal mit elsässischem, schwäbischem, sächsischem, kölschem oder hanseatischem. Die Schwarzwälder Gastlichkeit bringt die Menschen zusammen und lässt sie erzählen. An solchen Tischen habe ich schon viele interessante Geschichten gehört und bin auf manche Schwarzwälder Besonderheit aufmerksam geworden. Auf den Speisekarten, die auf die Tische ohne Tischdecke gelegt werden, findet man Traditionsgerichte wie »suuri Leberli«, saure Leber, meist mit einer gigantischen Soße, Nudelsuppe mit Rindfleischstückchen, Badisches Dreierlei aus Wurstsalat, Bibeleskäs und Brägele, Rinderbraten mit breiten Nudeln, Schäufele, Fleischküchle, Bauernbratwurst, Kartoffelsalat, Kartoffelsuppe mit Speckeinlage, Sunnewirbele, also Feldsalat, mit Specktopping, Forelle »Schwarzwälder Art«, sprich mit ausgelassenem Speck belegt. Ja, Vegetarier haben es nicht einfach im Südschwarzwald, wie ich immer wieder feststelle, wenn ich mit meiner Familie unterwegs bin. Je weiter wir von Freiburg aus in den Schwarzwald hineinfahren, desto seltener werden die fleischlosen Gerichte auf den Speisekarten. Oft haben unsere Vegetarier nur die Wahl zwischen Käsespätzle und Knödel mit Pilzen, sofern sie keinen Salat essen wollen. Die geringe Auswahl begeistert unsere Vegetarier wenig, auch wenn der Käse vom Bauernhof um die Ecke kommt und die Pilze im Freiburger Schlossberg geerntet wurden und hervorragend schmecken. Auf den Höhen des Schwarzwalds kann zwar nicht jedes Gemüse wachsen, aber Schweine, Rinder, Ziegen und Forellen haben beste Lebensbedingungen. So kommen mancherorts immer noch »Pfännle« mit drei verschiedenen Filetstückchen, Speck, Spätzle und dicker Sahnesoße auf die Karte und für hinterher ein »Bömble« mit dicker Eiskugel, Sahne und Kirschwasser. Auch wenn diese richtig schweren Gerichte der 1970er- und 1980er-Jahre nicht mehr auf jeder Karte angeboten werden, gehören sie zur kulinarischen Vielfalt der Region und finden nach wie vor ihre Freunde.

Gutes Essen regt zu guten Gesprächen an. Davon bin ich überzeugt, das habe ich schon so oft erlebt. Manche Kreativsitzung, bei der wir im Kollegenkreis ein neues Seminarformat oder ein neues Printprodukt entwickelten, bekam bei den gemeinsamen Essen die entscheidenden Impulse. Ich erinnere mich an ein Treffen in Freiburg, bei dem wir kein geringeres Thema als die Zukunft des Lokaljournalismus diskutierten. Was macht einen modernen Lokalteil aus? Was hat er der Leserschaft zu bieten? Welche neuen Darstellungsformen braucht es? Wie viel Terminjournalismus darf, wie viel muss sein? Die Ideen sprudelten, die Positionen lagen weit auseinander. Irgendwann klappten wir unsere Laptops zu, legten Moderationskarten zur Seite und stiegen auf den Schlossberg hinauf. Über lange Strecken schweigend pilgerten wir die wenigen Kilometer nach St. Ottilien. Nicht, dass wir bei der Quelle dort nach Klarheit suchten, da schauten wir nur kurz vorbei, unser eigentliches Ziel war das Waldgasthaus neben der Kapelle. Hinter den hohen Fenstern mit den Sprossen, die so viel Licht in den Raum lassen, an einem langen Holztisch bei badischem Essen und Weinen vom Kaiserstuhl und aus dem Markgräflerland, stellten wir fest, dass unsere Ansichten zum modernen Lokaljournalismus doch nicht so weit auseinanderlagen. Unser Konzept nahm Form an.

Zu St. Ottilien und den anderen Freiburger Waldheiligen, St. Valentin und St. Barbara, pilgere ich seit Jahrzehnten regelmäßig. Allein die Lage der Gasthäuser im und am Wald sorgt für Entschleunigung. Im Biergarten von St. Ottilien hoch über dem Dreisamtal haben wir viel entspannte Familienzeit verbracht, es sei denn der echte (!) Traktor beim Spielplatz war zu sehr belagert. Dann sank die Laune, vor allem bei Max, unserem Älteren. Mit meiner Studienfreundin Elke aus Lübeck, die in Günterstal wohnte, pilgerte ich während unseres gemeinsamen Studienjahres in Freiburg regelmäßig zum nahe gelegenen St. Valentin. Die riesigen Speckpfannkuchen waren im Studi-Budget auch gegen Monatsende unterzubringen. Und es gab gutes Bier. Für die durch und durch norddeutsche Elke sehr wichtig.

Die Tradition der langen Holztische, an denen »einer zum anderen« sitzt, hat die Familie Schneider auf St. Barbara mit der Bauerntafel zur grundlegenden Philosophie ihres Restaurants gemacht. Über dem Dreisamtal bei Littenweiler, auf der anderen Seite des Tals, gegenüber von St. Ottilien und auch fast auf gleicher Höhe, liegt das Waldgasthaus, das nicht nur Brägele und Bibeleskäs als »Tapas« anbietet, sondern viele kreative Verwandlungen einheimischer Produkte. Die kleinen Schälchen sind für mich so verführerisch, dass ich meistens zu viele bestelle, in Spanien wie im Schwarzwald. Selbst, wenn es klare Empfehlungen für die Bestellmenge gibt wie im Blümchen, einem weiteren Schwarzwälder-Tapas-Restaurant in Freiburg-Opfingen. Die spanische Essenstradition passt gut zur Gastlichkeit im Schwarzwald und war vor zehn Jahren noch beliebter als heute. Seit dieser Zeit steht bei mir auch ein Kochbuch *Schwarzwälder Tapas*, aber meistens koche ich dann doch pimientos, pan con tomate, boquerones oder albóndigas.

Region und Saison werden für immer mehr Köchinnen und Köche zu Leitsternen, auch im Schwarzwald, egal auf welchem Niveau sie kochen. Für die, die in der Oberliga der Kochkunst unterwegs sind, haben die Restaurantkritiker von Michelin den grünen Stern kreiert. Es wundert mich nicht, dass gleich sechs Restaurants im Südschwarzwald damit ausgezeichnet sind, denn die Natur zu respektieren ist für viele Schwarzwälder schlicht und ergreifend eine Selbstverständlichkeit. Genauso wie der Respekt vor der Tradition. Eine der mit dem grünen Stern ausgezeichneten Köchinnen ist Victoria Fuchs im Münstertal. Sie kehrte nach Wanderjahren durch internationale Küchen in den Schwarzwald zurück, wo sie mit ihrem Ehemann Johannes in der Küche und ihrer Schwester Kristin den Familienbetrieb mit fast 160-jähriger Tradition in die Zukunft führt. Es ist interessant zu sehen, wie viele junge Köche und Köchinnen aus dem Hochschwarzwald derzeit wieder in ihre Heimat zurückkehren. Einige haben sich zur »Next Generation« zusammengeschlossen. Sie wandeln die Betriebe ihrer Familien behutsam in moderne Restaurants um, ohne alles abzureißen und neu zu bauen. Sie sind begeistert von der Küche ihrer Heimat, die sie neu interpretieren. Immer mit Produkten, die sie aus der Region beziehen, auch wenn die Rezepte aus asiatischen oder südamerikanischen Küchen stammen. Grenzenlose Kreativität am Herd.

Das sieht dann in den Küchen der Straußwirtschaften noch ein wenig anders aus. Dort wird manchmal auch experimentiert, durchaus mit Erfolg wie bei Elvira Gretzmeier in Merdingen, die mit einem Metzger eine Tresterwurst entwickelt hat, die im Brennkessel gekocht wird und mit sauren Rüben auf den Tisch kommt. Meistens wird aber das gekocht, was man in der Region schon immer zubereitet hat. Das Badische Dreierlei ist einer der Standards in einer Straußwirtschaft neben Bratwurst, Brägele, Schnittlauchbrot, Hausmacher-, also Leber- und Blutwurst aus eigener Produktion, mit selbst gebackenem Brot, Nudelsuppe, Schnitzel, Steak, Vesperteller, Schäufele, Fleischküchle, Kartoffelsalat, Käsebrett, Leberle und Apfelküchle. Zunehmend tauchen auch Tofubratlinge, Gemüsepfannen und andere vegetarische Gerichte auf den Karten auf. An den Herden der Straußwirtschaften wurde schon immer regional, saisonal und frisch gekocht, alles andere wäre zu teuer. Deshalb gibt es nur im Frühjahr Spargel mit Kratzete. »Kratzete« lässt sich vielleicht am besten als zerrissene Pfannkuchen übersetzen. Und deshalb werden nur im Herbst Kürbissuppe, Pfifferlinge und Zwiebelkuchen angeboten. Um das alles genießen zu können, muss man den Schwarzwald allerdings ein wenig verlassen. Die ersten Straußwirtschaften finden sich dort, wo der Wald allmählich in die Reben übergeht. Denn Strauße sind untrennbar mit Wein verbunden. Es gibt kein Bier und auch keine Limonade aus dem Supermarkt, sondern nur Wein, Traubensaft und Wasser. Dieser Ausschank ist ein Vorrecht der Winzer, verbunden mit der Bedingung, lediglich eigene Weine und Produkte auf eigenem Gelände mit einfachen Speisen anzubieten. Welcher Winzer gerade seine Strauße geöffnet hat, sieht man häufig an einem Besen mit bunten Bändern am Straßenrand. Daher auch der Name Besenwirtschaft oder wie am Bodensee »Rädlewirtschaft«, da die dortigen Winzer ein Rad als Zeichen für den Ausschank aufhängen. Die Bedingungen sind aber stets die gleichen. Sie sollen den Winzerinnen und Winzern helfen, ihre Weine zu fairen Preisen zu vermarkten. Den meisten Winzern macht das direkte Gespräch mit den Kunden Spaß, sie freuen sich zu sehen, wer welchen Wein besonders mag, präsentieren gerne eine Rarität oder trinken einfach nur ein Glas mit. Meine Erfahrung ist, dass nicht jeder Winzer einen Besen raushängt, manchmal muss man einfach wissen, wer wann seine Türen öffnet. Früher hatten wir von Frühjahr bis Herbst ein Faltblatt mit den Öffnungszeiten der einzelnen Strauße im Auto liegen, heute verlassen wir uns auf eine App der regionalen Tageszeitung vor Ort. Natürlich haben wir eine Lieblingsstrauße, über deren Öffnungszeiten wir immer informiert sind, aber manchmal sind wir zu weit weg und machen dann per App-Suche neue Entdeckungen.

Die Öffnungszeiten der Strauße richten sich nach der Arbeit im Weinberg. Während der Lese öffnet kein Betrieb. Aber danach und im Frühjahr, wenn die Weine des Vorjahres abgefüllt sind oder gerade abgefüllt werden. Eine gute Zeit, Wein zu kaufen, denn manche Rebsorten sind ganz schnell ausverkauft. Wie schnell sie danach ausgetrunken sind, kann dann jeder selbst entscheiden. Mehr als vier Monate Straußenzeit dürfen bei den Winzern pro Jahr nicht zusammenkommen, sonst ist eine Gaststättenkonzession fällig. Diese haben zwischenzeitlich allerdings auch einige der Weinbaubetriebe, also nicht wundern, wenn eine Strauße ganzjährig geöffnet ist. Warum ich so gerne in die Strauße gehe? Ich finde, nirgendwo sind die Badener so südländisch wie dort, wo der Besen hängt. Da ist es laut, da wird gelacht, diskutiert und manchmal einfach nur still mit dem Lieblingswein der Sonnenuntergang genossen. In der Strauße erleben wir, was es heißt, in einem Dreiländereck zu leben, dass politische Grenzen manchmal einfach keine Rolle spielen. Das tut gut. Schweizer, Elsässer, Badener und Touristen sitzen zusammen, parlieren in den unterschiedlichen Ausprägungen des Alemannischen oder reden Hochdeutsch, um alle ins Gespräch einzubinden. Aus dem Elsass haben die Strauße Flammenkuchen als Spezialität übernommen, je näher die Wirtschaften an der Schweiz liegen, desto häufiger erscheinen Gerichte wie Zwiebelwaie oder Chäsomlett auf der Karte. Dieses Pendeln zwischen den Staaten ist im Dreiländereck etwas sehr Alltägliches. Wer das literarisch nacherleben möchte, kann dem kauzigen Schweizer Kommissär in Hansjörg Schneiders Hunkeler-Romanen über die Grenzen folgen.

KULTBIER UND ALLTAGSWEIN

Was macht man jetzt mit der Alumanschette? Dranlassen oder abfriemeln? Wie oft habe ich diese Frage schon diskutiert. Bei Studentenfesten in der Küche nah am Kühlschrank, in dem der Nachschub lagerte, auf Geburtstagsfeiern, meistens im Stehen und immer dann, wenn ich mein Zäpfle aus der Flasche getrunken habe. Dranlassen, sagen die Rothauser Bierbrauer, denn das Metall werde wiederverwertet. Also schiebe ich die Manschette nur ein wenig am Flaschenhals runter und nehme einen herzhaften Schluck. Beim Blick aufs Etikett mit dem holzschnittartigen Schwarzwaldmaidle frage ich mich immer wieder von Neuem, warum gerade dieses Bier aus dem Schwarzwald zum Kultbier geworden ist, obwohl es hier noch so viele weitere gute Gerstensäfte gibt. Warum hat es ausgerechnet das Tannenzäpfle in Kölner, Hamburger, Berliner und sogar Münchner Kneipen geschafft? Liegt es am Namen? Ist in einer Flasche Tannenzäpfle mehr als nur Bier? Hole ich mir mit einem Kasten Zäpfle den Schwarzwald ins Haus? Fragen über Fragen angesichts der kleinen Flasche, die sich beim Nachdenken über die Antworten so schnell leert.

Die Drittel-Liter-Flasche ist eines der Charakteristika des Kultbiers aus Grafenhausen. 1951 starteten die Brauer einen ersten Versuch mit der 0,33-Liter-Flasche. Die Biertrinker mochten das »chlei Fläschli« allerdings überhaupt nicht.

In den 50er-Jahren kaufte man Bier üblicherweise in der Dreiviertel-Liter-Flasche. 1955 nahm die Brauerei die kleinen Flaschen vom Markt. Aber bereits 1956 tauchten sie bei den Getränkehändlern wieder auf, dieses Mal als »Tannenzäpfle«, von Anfang an mit der Alumanschette am Flaschenhals. Eine solche kann ich mir, wenn ich will, auch um den Hals legen. Nana Fiedler, Designerin aus dem Schwarzwald, hat nämlich eine Zeit lang aus den Alustreifen Schmuckstücke hergestellt. Meine Zäpflekette ist auf der einen Seite golden wie das Tannenzäpfle und auf der anderen Seite silbern wie das Eiszäpfle. Ich trage mein Stück Schwarzwald aber nicht nur zum Biertrinken. Von Anfang an gehörte zum Tannenzäpfle neben der Alumanschette das Retro-Maidle auf dem Etikett, jene »Biergit Kraft«, die ihren Namen der alemannischen Weisheit »Bier git Kraft« verdankt. Damals noch weniger abstrahiert, mehr in realistischem Malstil mit dem Feldberg, Wald und Wiesen im Hintergrund und natürlich den Zapfen, die dem Bier den Namen gaben. Bier trinkende Botaniker weisen gerne darauf hin, dass Tannenzapfen nicht hängen, sondern stehen. Das ist auch im Schwarzwald nicht anders als in anderen Wäldern. Die Zapfen auf dem Zäpfle-Etikett müssten also genau genommen Fichtenzapfen sein. Wegen der rötlichen Farbe ihrer Rinde im Gegensatz zur hellgrauen der Weißtanne nennen nicht nur die Schwarzwälder die Fichte Rottanne. Und damit hängen dann doch wieder Tannenzapfen rund um Biergit Kraft auf dem Etikett. Sieben sind es seit 1972, als das Etikett sein heutiges Aussehen bekam. Ich habe bislang nicht herausfinden können, ob die sieben Zapfen die sieben betriebseigenen Wasserquellen der Rothauser Brauerei symbolisieren. Wäre zumindest eine schöne Idee.

Die ergiebigen Quellen und der Holzvorrat der großen Wälder waren ausschlaggebend für die Entscheidung des Mönchsrats von St. Blasien, ausgerechnet in Rothaus ihre geplante Brauerei zu errichten. Die Wirtschaft Zum Rothen Haus, die bereits seit 1681 dort stand, gab dem Platz seinen Namen. 1791 begannen die Mönche mit den ersten Brauversuchen. Diese waren offensichtlich so erfolgreich, dass die frommen Männer bereits zwei Jahre später die Brauerei erweiterten. Der nächste Ausbau war dann 1804/05, kurz bevor der badische Hof im Zuge der Säkularisation der Kirchen und Klöster die Rothaus-Brauerei übernahm. Heute ist das Land Baden-Württemberg als einzige Aktionärin in Besitz der Staatsbrauerei. Und will das auch nicht ändern. Die Grafenhausener sind froh, denn für sie ist Rothaus ein verlässlicher Arbeitgeber. Andererseits sind die Hochschwarzwälder eine treue Belegschaft. Nicht wenige verbringen ihr ganzes Arbeitsleben in Deutschlands höchstgelegener Brauerei unweit des Schluchsees.

Ihre Vorfahren hatten allerdings vor mehr als 230 Jahren massiv gegen die Pläne der Mönche unter Fürstabt Martin Gebert protestiert. Sie befürchteten, dass das Brauereigewerbe so viel Holz verschlingen würde, dass sie selbst nicht mehr genügend einschlagen konnten. Schon seit Ende des 17. Jahrhunderts war Holz im Schwarzwald ein knappes Gut. Außer für den Bau von Häusern und Bergwerken sowie für den Holzhandel wurden auch für die Eisenverhüttung viele Bäume gefällt. Dazu kamen die waldtypischen Berufe jener Zeit wie Köhler und Harzer, die auf das Rohmaterial Holz angewiesen waren. Glasbläser, die jahrhundertelang im Schwarzwald ihre Werkstätten betrieben, brauchten für die Herstellung eines Kilogramms Glas zwei Kubikmeter Holz. Und nun kamen auch noch die Bierbrauer. Warum eigentlich dieser Unmut? Vermutlich ging es einmal mehr um Macht und Konkurrenz, wie so oft im Leben. In der Nachbarschaft der Reichsherrschaft des Klosters St. Blasien regierten in Donaueschingen die Fürsten zu Fürstenberg, und diese brauten bereits seit 1283 Bier. Und sie machen das auch heute noch erfolgreich. Das Braurecht zu haben schien Fürstabt Martin Gebert sehr lukrativ, was sich ja auch bestätigen sollte. Aber wie gesagt, lange konnte das Kloster nicht von diesem Geschäft profitieren. 1807 übernahm das badische Herrscherhaus unter Großherzog Karl Friedrich die Brauerei und führte diese erfolgreich weiter. 1868 lieferte Rothaus sein Bier an den Bodensee, nach Basel, Zürich und wohl auch nach Donaueschingen. Vermutlich mussten die Fässer nach ihrer Ankunft erst einmal ein paar Tage ruhen angesichts der holprigen Verkehrswege. In Flaschen füllten die Rothauser ihr Bier erst ab dem Jahr 1892 ab. Damals noch ohne Etikett, aber mit dem Aufdruck »Rothaus Bier« auf dem Porzellanverschluss.

Was für ein eintöniger oder besser gesagt monochromer Anblick wäre das gewesen, wenn es damals schon so eine Bierwand gegeben hätte wie in der Zäpfle-Bar in Rothaus oder den Stadtdependancen in Freiburg und Stuttgart. Alle acht heutigen Biere, von Weitem unterscheidbar an der Farbe ihrer Alumanschetten, stehen zuhauf hinter der Theke und geben ein sehr buntes, ganz und gar polychromes Bild ab. Orange steht dabei für das Weizenzäpfle. Auf Weizenbier hatten sich die Wittelsbacher unter Herzog Maximilian im Jahr 1602 das Brauereimonopol verschafft, und auch heute kommen noch rund 80 Prozent der Weizenbiere aus Bayern. Deshalb war ich etwas überrascht, als ich in Freiburg durch die Universitätsstraße ging und sah, dass Rothaus die Passanten mit Weißbier und Haxe auf einem Plakat in ihr Stadtgasthaus locken will, das eigentlich »Schwarzwald erleben« verspricht. Weißbier und Haxe sind jetzt nicht so typisch Schwarzwald. Vielleicht geht es einfach darum, zu zeigen, dass Rothaus mehr als Tannenzäpfle ist.

Und Schwarzwaldbier ist mehr als Tannenzäpfle. Wer sich einen Überblick verschaffen will, geht am besten in die Naturparkscheune Wälder:Genuss in Bärental. Dort stehen sie fast alle. Die größeren und hoch dekorierten Sorten: die von Waldhaus genauso wie die Biere der vielen kleineren Brauereien, die sich über den ganzen Schwarzwald verteilen. Bei den meisten findet sich irgendwo eine Tanne auf dem Etikett. Bei den Donaueschingern ist es natürlich das fürstliche Wappen derer zu Fürstenberg. Davon habe ich ganz viele leere Flaschen auf dem Gelände der Rothaus-Brauerei gesehen, als ich dort mal unterwegs war. Ich wunderte mich sehr, aber bei allem Wettbewerb auf dem Biermarkt, als Schwarzwälder hilft man sich. Die Pfandkästen mit den leeren Flaschen kommen nicht sortenrein zurück. Da ist meistens auch Leergut der Mitbewerber dabei. Rothaus und die Fürstenberger sammeln die Flaschen des jeweils anderen und tauschen sie aus.

»Ein gutes Pils braucht Zeit.« Mit diesem Satz führten mich meine Vereinskollegen in die Kunst des Bierzapfens ein. Regelmäßig bewirteten wir in Festzelten, um Geld in die Vereinskasse zu spülen. Von sieben Minuten zwischen Zapfen und Servieren war die Rede, aber so lange wollten die durstigen Gäste nicht immer warten. Im Nachhinein nicht schlimm, denn es gibt auch Stimmen, die sagen, dass drei Minuten reichen, ja viel besser sind, weil das Pils dann noch viel frischer und kühler sei.

Auf alle Fälle aber braucht frisch gebrautes Bier Zeit, um zu reifen. Die geben ihm Slow Brewer in besonderem Maß, wie die Feierlings in Freiburg, die Rothauser ebenso wie die Ketterers in Hornberg. Entschleunigung auch beim Bierbrauen. Und beim Biertrinken. Im Feierling-Biergarten in der Freiburger Insel unter alten Kastanienbäumen, vor mir ein langsam gebrauter Inselhopf, um mich herum entspannte Gesichter. Auch bei Wasser oder Limonade kann ich dort ganz wunderbar entspannen.

Ähnlich wie in der Kaffeeszene, in der immer mehr kleine und kleinste Röstereien ihre Spezialitäten entwickeln, tüfteln zunehmend kleine und kleinste Brauereien neue Varianten des altbekannten Pilsbieres aus. Dafür kommen sie gerne, wie auch einige junge Köche, in die Heimat zurück. Konstantin Zeller vom Brauschopf in Ühlingen hatte vier Jahre bei Rothaus gelernt und gearbeitet, bevor er zum Studium nach Berlin zog und als Diplom-Bierbrauer wieder in den Schwarzwald zurückkehrte. Jetzt braut er südlich von seinem ehemaligen Arbeitgeber nach eigenen Ideen. Pirmin Vollmer, einer der jüngsten im Kreis der Hausbrauer, schenkt sein Bier in einer der ältesten Wirtschaften in Zell im Wiesental aus, mitten in der Stadt am Latschariplatz. Latschari? Die Vokale muss man lang aussprechen, dann merkt man schon, was oder wer das sein könnte. Auf alle Fälle jemand, der sehr viel Zeit hat. Zeit zum Rumlungern. Das Alemannische ist eine ungemein bildhafte Sprache.

Haben Sie eine Idee, was »Znüni« oder »Znini« bedeuten könnte? Nun, das ist ungefähr die Zeit zwischen neun und halb zehn am Vormittag, Zeit für das zweite Frühstück. Zumindest für alle, die dann schon seit einigen Stunden zwischen Reben oder im Weinkeller gearbeitet haben. Sie freuen sich auf ein deftiges Vesper – und auf ein Glas Gutedel. Zumindest hat mir das eine Markgräfler Winzersfrau erzählt. »Gutedel geht immer«, strahlte sie. Znüni, zum Mittagessen, statt Kaffee am Nachmittag, zum Abendessen und als Schlummertrunk. Vermutlich aber nicht an einem einzigen Tag. Aber, wer weiß. Gut verträglich ist der Gutedel mit seinem geringen Säuregehalt auf alle Fälle. Markgraf Karl Friedrich, späterer Großherzog, brachte diese Traube 1780 aus der Westschweiz ins Markgräflerland. Damit begann eine wichtige Zeit für das dortige Weinanbaugebiet. Karl Friedrich brachte nicht nur eine neue Sorte zu den Winzern, er erließ auch, dass Weinberge nur noch sortenrein bepflanzt werden durften. Mit Aufhebung der Leibeigenschaft in Baden im Jahr 1783 setzte ein wahrer Winzerboom ein, da nun keine erdrückenden Abgaben mehr fällig waren. Die

Weinwirtschaft blühte auf und blüht bis heute. Mit der Gutedeltraube schenkte Karl Friedrich dem Markgräflerland eine Spezialität, die in Deutschland sonst nur noch im Weinanbaugebiet Saale-Unstrut wächst. Allerdings liefern die dortigen Gutedel-Stöcke gerade mal drei Prozent der deutschen Produktion. 97 Prozent der Gutedel-Flaschen kommen aus dem Land zwischen Weil am Rhein und Freiburg. Sofern sie die Region verlassen. Der Gutedel gehört zwischen Südschwarzwald und Rhein zum Alltag, auch wenn nicht jeder schon Znüni ein Glas davon auf dem Tisch stehen hat.

Als der Müllheimer Peter Biskup Anfang der 1970er-Jahre nach Berlin zog, um dort zu studieren, hatte er zwar kein Heimweh nach dem Markgräflerland, aber Sehnsucht. Sehnsucht nach badischem Wein. 1977 eröffnete er im Wedding seine Markgräfler Weinhandlung, die nach mehreren Umzügen heute gegenüber vom Schloss Charlottenburg zu finden ist. Im Angebot ist natürlich auch Gutedel in allen Qualitätsstufen. Der Botschafter des Markgräfler Weins in der Hauptstadt hat rund zwanzig verschiedene Gutedel und Chasselas zur Auswahl.

Etwa 40 Prozent der Rebfläche im Markgräflerland sind mit Gutedel-Rebstöcken bepflanzt, und manche stehen schon sehr lange. So lange, dass sie »Alte Reben« genannt werden dürfen. In der Regel mindestens 40 Jahre. Solche Weinstöcke tragen zwar nicht mehr so viel wie die jungen, aber ihre Trauben bringen dichtere und vielschichtigere Aromen hervor. Eine Qualität, die man vor Jahren noch nicht mit dem Gutedel in Verbindung gebracht hätte. Den leichten Vesperwein in der Literflasche gibt es zwar auch noch, aber einige Winzer haben ihn zu sehr feinen Tropfen weiterentwickelt. Beim jährlichen Gutedel-Cup kommen sie alle zusammen wie bei einem großen Familientreffen, auch die weiter entfernt wohnenden Familienmitglieder aus dem Anbaugebiet Saale-Unstrut und aus der Schweiz. Dort, wie auch in Frankreich, firmiert der

Gutedel unter dem Namen Chasselas, benannt nach einem französischen Dorf in der heutigen Region Bourgogne-Franche-Comté, wo Winzer vermutlich die ersten Rebstöcke dieser Traube gesetzt haben. Chasselas nennen auch einige badische Winzer den Gutedel, vor allem, wenn sie diesen international verkaufen wollen. Außer dem Markgräflerland ist vor allem die Schweiz noch ein nennenswertes Anbaugebiet für diese Traube.

Beim Gutedel-Cup stehen deshalb auch Schweizer Weine zur Verkostung. Insgesamt hat die Jury mehr als hundertsiebzig Weine dieser Rebsorte in vier Kategorien zu bewerten. Die Weinliebhaber, die beim Gutedel-Tag von Müllheim nach Staufen von Winzer zu Winzer wandern oder radeln, haben es da etwas einfacher. Alle zwei Jahre an Christi Himmelfahrt (das nächste Mal nach Erscheinen dieses Buchs im Jahr 2025) ist die 14 Kilometer lange Strecke für motorisierte Fahrzeuge gesperrt. Wanderer und Radfahrer kommen bei mehr als dreißig Weingütern vorbei, aber man muss ja nicht überall sein Glas füllen lassen. Sofern man eines mit sich trägt. Stilecht wäre ein Gutedel-Glas, am besten der Zehntele-Becher. Den kannte ich lange Zeit nicht. Überhaupt ist mir das Gutedel-Glas nicht im Markgräflerland, sondern in Karlsruhe erstmals begegnet, als wir bei Freunden, gebürtige Freiburger, eingeladen waren. Zunächst dachte ich, dass das Becherglas mit den eingeschliffenen Trauben für Wasser gedacht sei, aber nein, das war das Weinglas. In Viertelegröße. Das Glas ist eine Erinnerung an jene Zeiten, als der Gutedel ein solider Schankwein war und nicht bei Weinprämierungen antrat.

Aber zurück zum Gutedel-Tag. Für diesen muss niemand wirklich ein Glas mit sich führen. Die sind auf den Weingütern ebenso vorhanden wie der Wein. Bei uns im Keller liegen auch immer ein paar Flaschen Gutedel, da diesen säurearmen Wein eigentlich jeder gerne trinkt. Er hat sogar so wenig Säure, dass man ihn nicht versekten kann. »Geht nicht, gibt's nicht«, sagen ein paar Markgräfler Winzer und machen es dennoch. Heraus kommt ein leichter Apéro, der aber auch zum Essen passt. Mein Favorit ist der Rote Gutedel. Manche sagen, die rote Gutedel-Traube sei die ursprüngliche und die weiße eine Mutation, andere sind fest davon überzeugt, dass es umgekehrt sei. Wie auch immer. Wenn bei Sonnenuntergang auf einem Balkon im Hochschwarzwald der Wein lachsfarben im Glas schimmert, spielen diese Fragen keine Rolle mehr. Dann verbinden sich Landschaft und Lebensart aufs Feinste.

ARBEITEN, WO ANDERE URLAUB MACHEN

Mein erster Plattenspieler war von Dual. Das Qualitätsprodukt aus dem Schwarzwald hatte seinen Preis – welchen genau, weiß ich nicht mehr. Ich erinnere mich an mehrere Hundert Mark und daran, dass es sehr, sehr lange dauerte, bis ich das Geld gespart hatte. Ich musste viele, nicht immer einfache, Nachhilfestunden geben. Mein erster Ferienjob in einem Kaffeeladen brachte dann den finanziellen Durchbruch. »Den hätte ich gerne.« Sehr stolz legte ich im Elektrogeschäft einen Ausriss aus dem Dual Firmenkatalog auf die Theke. Pech gehabt. Ich hatte zu lange gebraucht, um das Geld zusammenzusparen. Dieses Modell gab es nicht mehr, aber ein Nachfolgegerät. Nochmals verbesserte Technik, aber natürlich auch ein höherer Preis. Weihnachten stand vor der Tür, also konnte ich die Bestellung wagen. Dass ich fast bis Ostern warten musste, bis der Plattenspieler endlich da war, hätte ich nicht gedacht. Unter anderem lag das daran, dass ich ein Modell mit weißem Korpus wollte und keine Holzoptik. Weiß passte einfach besser in mein Zimmer mit den roten Möbeln und der lauten Mustertapete in Gelb, Orange und Rot. Zum anderen war die Nachfrage nach der Phonoqualität aus dem Schwarzwald zu jener Zeit sehr groß. Anfang der 1970er-Jahre waren die Plattenspieler aus St. Georgen die meistverkauften in Deutschland, 1982 ging das Unternehmen in Konkurs. Meinen Dual-Plattenspieler hatte ich 30 Jahre später immer noch. Man könnte sagen, dass mir das Bewusstsein für die Qualität aus dem Schwarzwald in die Wiege gelegt war. Bei meinen Großeltern schaute ich das erste Mal Fernsehen. Natürlich kam auch dieses Gerät aus dem Schwarzwald, was mein Großvater jedem gerne erzählte. Es war ein Saba. Ich mochte diesen Namen, aber natürlich auch, dass er mir den frechen Hasen Cäsar, den Spatz vom Wallrafplatz und die Augsburger Puppenkiste ins Wohnzimmer meiner Großeltern brachte.

Die beginnenden 80er-Jahre des vorigen Jahrhunderts waren auch für Saba und noch einige Unternehmen mehr im Südschwarzwald eine schwere Zeit. Die Schwarzwälder Apparate-Bau-Anstalt, kurz Saba, wurde 1986 aufgelöst. Umstrukturierungen waren in jener Zeit dringend notwendig, der Markt veränderte sich, wurde globaler. Nicht jede Firma schaffte den Wandel. In der Uhrenbranche verdrängten Quarzuhren jene mechanischen Modelle, die die Schwarzwälder herstellten. Uhren ebenso wie Plattenspieler, Radios und Fernseher kamen zu günstigeren Preisen aus Asien auf den deutschen Markt. Im Schwarzwald gingen Arbeitsplätze verloren, auch in den Branchen, die so typisch für die Region waren. Mitte des 19. Jahrhunderts arbeiteten etwa 3000 Menschen in den Uhrenfabriken in Schramberg, Triberg, Furtwangen, Hornberg und Schwenningen. Schramberg war Standort der größten Uhrenfabrikation weltweit. Die Großherzoglich Badische Uhrmacherschule in Furtwangen wurde gegründet und zog viele angehende Uhrmacher an. Auch diese Schule musste sich im Laufe der Jahre grundlegend verändern. Die Uhrmacherschule wurde in eine Berufsschule und eine Fachhochschule (FH) mit Schwerpunkt Ingenieurwissenschaften geteilt. In den 70er-Jahren erweiterte die FH ihr Portfolio um Informatik- und Wirtschaftsstudiengänge. Eine Vorbereitung auf den Wandel, der in den Industriebetrieben anstand. Die heutige Hochschule Furtwangen ist unter anderem auf Digitalisierung ausgerichtet. Ein Thema, das im Südschwarzwald manchem die Haare zu Berge stehen lässt, denn die Versorgung mit Internet und Mobilfunknetz ist noch nicht überall üppig. Der Glasfaserausbau im Schwarzwald läuft zäh. In Zeiten von Homeoffice kann das zum Standortnachteil werden. Auch mancher Urlauber schickt sich nur ungern in das unfreiwillige *Digital Detox*.

Im Schwarzwald zu arbeiten, bedeutet nicht automatisch, irgendetwas mit Tourismus oder Landwirtschaft zu machen. Zwischen Tannen und Fichten ist viel technische Kompetenz angesiedelt, nicht nur in der Universitätsstadt Freiburg, die sich vor allem bei Erneuerbaren Energien und Life Sciences – also Biotechnologie, Pharmaindustrie und Medizintechnik – einen Namen gemacht hat. 50 Kilometer östlich von Freiburg und rund 700 Meter höher, im Bregtal, liegt das kleine Dorf Eisenbach mit etwa 2100 Einwohnern und 1650 Industriearbeitsplätzen zwischen Viehweiden und Wäldern. Neun richtig große Betriebe und etliche kleinere produzieren vor allem für Automobilzulieferer, nicht wenige Unternehmen agieren weltweit. Sie liefern Zahnräder, Präzisionsdrehteile, Getriebe, Armaturen und andere Teile, die im Auto verbaut werden, ob Verbrenner oder Elektroauto. Das Bregtal rund um Eisenbach ist deshalb auch als »Gear Valley« bekannt, als Tal der Getriebe. Allerdings lief auch in diesen Betrieben, die teilweise in vierter oder fünfter Generation geführt werden, nicht immer alles glatt. Aber die Zähigkeit der Schwarzwälder und der Zusammenhalt untereinander half über manche Krise hinweg. Auch mein Mann und ich träumten einmal davon, im Südschwarzwald zu leben und zu arbeiten. Doch wir wollten zur falschen Zeit in die Berufswelt einsteigen, zumindest mein Mann. Zeitungsredaktionen gab es Anfang der 80er-Jahre viele im Schwarzwald. Gut für mich. Aber wie mein Mann nach einem Mechatronikstudium, damals noch Feinwerktechnik, einen Arbeitsplatz im Südschwarzwald zu finden, war zu jener Zeit sehr schwierig. So landeten wir in Karlsruhe, und der Südschwarzwald wurde zu unserer Herzensheimat.

Zähigkeit, Zusammenhalt, aber vor allem der viel beschworene Schwarzwälder Tüftlergeist sorgten dafür, dass es nach jeder wirtschaftlichen Krise trotzdem weiterging. Manchmal allerdings in einer anderen Branche. Dafür braucht es Flexibilität. Eine Eigenschaft, die nicht jeder mit den beharrlichen, aber auch beharrenden Schwarzwäldern in Verbindung bringt. Und eine Eigenschaft, die auch nicht jeder Schwarzwälder hat. Aber oft reicht es ja, wenn nur einige den Mut haben, Neues zu wagen. Wie zum Beispiel der Tuchmacher Hans Grohe. Gut, der Mann war kein Schwarzwälder, sondern kam im Jahr 1899 aus der Nähe von Berlin ins Kinzigtal, aber er erkannte, dass in dem gerade entstehenden Sanitärbereich viel Potenzial steckte. Das damalige Drei-Mann-Unternehmen in Schiltach hat sich in einem guten Jahrhundert zu einem weltweit agierenden Konzern entwickelt. Internationale Designer wie Philippe Starck, Patricia Urquiola und Antonio Citterio stehen für die hochwertige Formgebung der dort produzierten Armaturen, die Schwarzwälder für die entsprechende Qualität. Das hat seinen Preis. Deshalb lohnt sich ein Test. Bei Wasserhähnen ist das ganz einfach. Schnell spürt man, ob das Wasser angenehm über die Hände fließt oder ob die Höhe der Armatur zur eigenen Körpergröße passt. Wir haben uns nach dem Test vor Ort für ein anderes Modell entschieden als zu Hause. Was im Katalog gut aussah, passte nicht ganz zu uns. Bei den Duschköpfen ist der Test etwas aufwendiger. Für die Showerworld braucht man einen Termin, um in Badekleidung von Dusche zu Dusche zu spazieren und zwischen hinterleuchteten Schwarzwaldszenen die Brausen auszuprobieren. Brausen, die einen Blick in die Duschzukunft erlauben.

Aber auch sie werden irgendwann Vergangenheit sein und im Museum landen. Wie die Bäder der vergangenen 100 Jahre, die Grohe in einem kleinen Museum aufgebaut hat. Jener Teil der Ausstellung, in dem Bäder ab 1960 gezeigt werden, ist wie ein Spaziergang durch mein Leben. Erinnern Sie sich auch noch an schwarze Fliesen und hellblaue Keramik oder rote Fliesen mit grüner Keramik? Grüne Keramik hatten wir zu Hause auch, aber dezentere Fliesen. In den Bädern meiner Freunde waren alle Farbkombinationen vertreten.

Zuständig für Sanitärobjekte mit Schwarzwälder Qualitätsanspruch ist ein weiterer Global Player mit Sitz im Schwarzwald, Duravit in Hornberg, etwa eine halbe Autostunde von Schiltach entfernt. Georg Friedrich Horn gründete das Unternehmen im Jahr 1817 als Steingutfabrik, um Alltagsgeschirr herzustellen. Seine Nachfolger reagierten auf Marktveränderungen, indem sie sich ein neues Geschäftsfeld erschlossen. Mit wachsendem Hygienebewusstsein ließen die Menschen immer mehr Bäder bauen, Waschbecken, Toilettenschüsseln, Bade- und Duschwannen wurden und werden gebraucht. Zunächst aus Steingut, ab 1950 aus Porzellan. Produziert wurde zunächst nur im Schwarzwald. Heute arbeiten rund 7000 Beschäftigte an elf Standorten. Vor unserem jüngsten Badumbau machten wir auch einen Streifzug durch das Designcenter von Duravit. Eine Badewanne hatte es uns, vor allem mir, schon bei den Recherchen am Computer besonders angetan. Zum Glück bestätigte das Probesitzen in der Wanne, dass sie nicht nur gut aussieht. Ein bisschen merkwürdig finde ich es immer, auf der zwölf Meter hohen Aussichtsplattform des Designcenters von Duravit zu stehen und in den Schwarzwald zu schauen. Sie hat die Form eines WCs, entworfen von Philippe Starck. In einer Kloschüssel zu stehen, ist dann doch etwas ungewohnt.

Vom riesigen WC zum ganz, ganz kleinen Örtchen führt eine schöne Schwarzwaldstrecke, vor allem wenn man die

Route über die B 500 nimmt. Die Panoramastraße, die weiter im Norden als Schwarzwaldhochstraße bekannt ist, war zwar über den ganzen Schwarzwald geplant, wurde jedoch nur in Teilen gebaut, so auch zwischen Triberg und Furtwangen. Aber wo steht nun die ganz, ganz kleine Toilette? In Gütenbach und in vielen deutschen Haushalten. Das Klohäuschen der Firma Faller ist Teil mancher Modelleisenbahnanlage, hat allerdings so gut wie nichts mit den Designobjekten aus Hornberg zu tun. Nur dass die Firma Faller einst ebenfalls Weltmarktführer in ihrer Branche war, verbindet die Unternehmen vielleicht. Ein eher kleiner Weltmarktführer. Damals arbeiteten 200 Beschäftigte für die Modellbauer. Und für Schwarzwälder Verhältnisse auch ein relativ junges Unternehmen. 1946 begannen die Brüder Hermann und Edwin Faller, Produkte aus Holz herzustellen. Der Marathon-Baukasten mit genuteten Platten aus Holz sowie Wänden und Dächern aus Karton war ein großer Erfolg, den die Brüder mit praktischen Produkten wie Kämmen und Topfuntersetzern aus Holz absicherten. Nach der Währungsreform 1948 war in den meisten Haushalten kein Geld für Spielsachen übrig. 1949 mussten alle Mitarbeitenden bei Faller entlassen werden. Jetzt waren wieder Tüftlergeist und Flexibilität gefragt. Die Produktion von Wäscheklammern brachte ein wenig finanziellen Spielraum, die Idee, Zubehör für Modelleisenbahn anzubieten, den Durchbruch. Auf der Spielwarenmesse in Nürnberg präsentierten die Schwarzwälder Entwickler im Jahr 1950 Bahnhöfe, Stellwerke und Güterschuppen, aber auch erste Geländestücke, Laub- und Nadelbäume und Hecken. Falls Sie schon einmal durch den Schwarzwald gefahren oder gewandert sind und dachten, das sieht ja alles aus wie in einer Modelleisenbahnlandschaft, dann wird umgekehrt ein Schuh daraus. In den Modellbahnlandschaften steckt sehr viel Schwarzwald.

Ein halbes Jahrhundert nach dieser ersten Präsentation in Nürnberg saßen wir mit unseren Söhnen Maximilian und

Benedikt auf Modellbaumessen und setzten genau solche Bäumchen und kleine Häuschen zusammen. Ich hatte in der Regel Klebstoff an den Fingern. Modellbau passt nicht zu meinen feinmotorischen Fähigkeiten, aber den Kindern zuliebe kämpfte ich mich da durch. Zuhause bauten wir noch einige, zum Teil sehr anspruchsvolle Gebäude zusammen. Es kam aber nie dazu, dass wir Landschaftsteile und Häuser mit der Modelleisenbahn aus den Kindertagen meines Mannes kombinierten. Irgendwann erlosch die Euphorie. Im Keller wartet auch noch immer ein Bahnhofsgebäude auf seine Fertigstellung. Mein Mann meint, das hätte ich mir damals ausgesucht. Ich kann mich nur noch vage daran erinnern. Wir waren nicht die Einzigen, bei denen die Begeisterung für den Modellbau erlosch. Gameboys und Spielkonsolen faszinierten Kinder und Jugendliche spätestens seit den 90er-Jahren und waren zunehmend auch erschwinglich. Faller meldete infolge dieser Entwicklung 2009 Insolvenz an und musste grundlegend umstrukturieren. Seit 2010 läuft das Geschäft wieder. Modelleisenbahnen sind heute eher ein Hobby älterer Menschen, was bereits vor mehr als 20 Jahren zu sehen war, als wir mit unseren Jungs durch die Ausstellungen zogen. Auch wenn die Jugend vielleicht weniger selbst baut, die Faszination für Modellbau scheint ungebrochen, wenn man ins Miniatur Wunderland in Hamburg schaut. Dort steht nun auch ein Schwarzwälder Paar aus Gutach. Man muss nur nach dem roten Bollenhut suchen.

Dass die Firma Faller sich im Schwarzwald ansiedelte, lag nur daran, dass die Brüder Edwin und Hermann in Stuttgart nicht genügend Platz zur Umsetzung ihrer Ideen hatten. So zogen sie zurück in die Heimat und starteten ihr Unternehmen in Gütenbach. Im Grunde hätten sie überall produzieren können.

Anders als die Textilindustrie, die viel Energie und Wasser für die Herstellung ihrer Stoffe braucht. Im Wiesental war und ist davon genügend vorhanden. Der Fluss Wiese lieferte sowohl Energie aus Wasserkraft als auch eine hohe Wasserqualität, die für das Wässern der Textilien notwendig ist. Dazu kam, dass viele Menschen Arbeit brauchten, da sie sich von der Landwirtschaft nicht mehr ernähren konnten. Die Grundstücke waren im Erbe zu oft geteilt worden, sodass sie zu klein waren, um darauf noch sinnvoll wirtschaften zu können. Die ehemaligen Bauern arbeiteten oft in Heimarbeit zu niedrigen Löhnen für die Textilfirmen. Webstühle und Spinnräder standen seit Beginn des 18. Jahrhunderts auf fast allen Höfen. Damals spannen die Frauen Garne und webten Stoffe für den eigenen Bedarf. Nachdem Napoleon 1806 seine Kontinentalsperre verhängt hatte, kamen keine Wolle, Garne und Textilmaschinen mehr aus England, was die Schwarzwälder Tüftler zur Hochform auflaufen ließ. Mitte des 19. Jahrhunderts boomte im Schwarzwald nicht nur die Uhrenindustrie, sondern auch die Textilindustrie. Investoren aus Basel und Zürich hatten das Potenzial erkannt. Zwischen Todtnau und Basel, dem »Webland«, waren zu den besten Zeiten 20 000 Menschen in dieser Branche beschäftigt. 1954 revolutionierte ein Unternehmen in Zell im Wiesental den europäischen Bettwäsche-Markt. Bis dahin waren Betttücher und Bezüge für Decken und Kopfkissen in Mitteleuropa weiß. Mit der Marke irisette wurde es bunter in den Schlafzimmern, zunächst zart-bunt, später dann auch grell-bunt. Ich weiß nicht, wer die Tradition der Aussteuer noch kennt, ich jedenfalls habe tatsächlich von meinen Eltern und meiner Patentante noch eine solche Grundausstattung bekommen. Geschirr, Besteck, Handtücher und eben auch Bettwäsche, Marke irisette. Wir haben viele Jahre bestens darin geschlafen. Aber da war es schon vorbei mit der Textilindustrie im Wiesental. Auch in dieser Branche produzierten Hersteller in anderen Ländern billiger. Seit den 90er-Jahren des vorigen Jahrhunderts siedeln sich eher

Automobilzulieferer und Maschinenbauer im Wiesental an. Aber die Schwarzwälder sind überzeugt, dass immer, wenn etwas aufhört, auch wieder etwas Neues beginnt. Sie sprechen aus Erfahrung.

Diese Erfahrung haben vor dem Industriezeitalter schon Bergleute, Flößer und Glasbläser gemacht. Im 16. Jahrhundert arbeiteten, heute würden wir eher sagen schufteten, etwa 300 Männer und Kinder in den Bergwerken des Schwarzwalds. Begonnen hatte der Abbau im 11. Jahrhundert. Die Bergleute holten vor allem Silber und Blei aus den Bergen, auch aus den Erzgängen des Freiburger Hausbergs Schauinsland. Das brachte den Bürgern jenen Wohlstand, der ihnen bei der Vollendung des Münsters half. Auf der Südseite des Münsters, in den unteren Bildern des Tulenhauptfensters ist den Bergleuten ein Denkmal gesetzt. An die dort dargestellten Menschen dachte ich, als wir vor einigen Jahren ins Museumsbergwerk am Schauinsland eingefahren sind. Da war nicht überall viel Platz, und dennoch konnte ich in dem Bergwerk, das bis Mitte des 20. Jahrhunderts betrieben wurde, überall aufrecht stehen. Wie bedrückend eng muss es dagegen in den mittelalterlichen Stollen gewesen sein, in denen die Menschen des Mittelalters nur gebückt arbeiten konnten. Und wie gefährlich. Das Bergwerk am Schauinsland war das größte im südlichen Schwarzwald und wurde erst 1954 stillgelegt. Erz wäre noch da gewesen, aber der Abbau war nicht mehr wirtschaftlich. 250 Bergleute mussten sich eine andere Arbeit suchen. Mehr als 20 Jahre später wurde einer der Stollen wieder genutzt. Jetzt wurden Schätze in den Berg gebracht und nicht herausgeholt. Der Barbarastollen in Oberried ist seit 1978 ein Ort, an dem nach den Regeln der Haager Konvention Kulturgüter gelagert werden, damit sie bei bewaffneten Auseinandersetzungen nicht zerstört werden. Der Stollen ist der einzige Ort dieser Art in Deutschland. Seine Lage wurde erst nach 1989 bekannt gegeben, als man dachte, alle Spannungen zwischen östlichen und westlichen Staaten seien aufgelöst. Eingelagert sind handschriftliche Werke großer deutscher Schriftsteller und Komponisten sowie Urkunden. Als milliardste Archivierung wurde das Grundgesetz mit allen dazugehörigen Akten im Format Mikroform verfilmt und 2016 eingelagert. Vier Mal pro Jahr kommen weitere Kulturgüter in den Barbarastollen. Sollte der Platz einmal nicht mehr reichen, sind genügend weitere geeignete Stollen im Schauinsland vorhanden. Im Südschwarzwald werden heute nur noch in Oberwolfach Mineralien für die Industrie abgebaut, alle anderen Bergwerke sind stillgelegt. Einige, wie das am Schauinsland, öffnen im Sommer die Stollen für Besucher:innen und halten die Vergangenheit lebendig.

Ebenso wie das die Schiltacher Flößer machen, die rund 100 Jahre, nachdem das letzte Floß die Kinzig hinabgefahren war, beschlossen, den Traditionsberuf wieder in Erinnerung zu rufen. Die Flößerei gehörte seit der ersten Hälfte des 14. Jahrhunderts zum Schwarzwald wie die festen, gerade gewachsenen Weißtannenstämme, die in Holland so begehrt für den Bau von Schiffsmasten waren und kurz »Holländer« genannt wurden. Einige wenige von ihnen stehen noch immer im Schwarzwald. Die meisten aber wurden über die Schwarzwaldflüsse rheinabwärts Richtung Amsterdam getrieben und dort verbaut. Der Holzhandel brachte, wie der Silberabbau, Reichtum in den Schwarzwald. Welche Verlockungen und Gefahren daraus für die eigentlich bescheidenen und aufrichtigen Schwarzwälder entstanden, erzählt Wilhelm Hauff in seinem Märchen *Das kalte Herz*. Ende des 18. Jahrhunderts versiegte diese Geldquelle zunehmend, der Schwarzwald war weitgehend abgeholzt. Die schnell wachsende Fichte wurde auf den kahlen Berghängen gepflanzt, aber bis diese Bäume in größerem Stil geerntet werden konnten, waren die ersten Eisenbahnschienen in den Schwarzwald gelegt. Das bedeutete das Ende der Flößerei und den Beginn des Tourismus, mit dem ein neuer starker Wirtschaftsfaktor in der Region entstanden ist. Der Südschwarzwald ist eine der beliebtesten Urlaubsregionen Deutschlands. Rund eine halbe Million Arbeitsplätze sind direkt oder indirekt mit dem Tourismus verbunden. Die Schwierigkeit ist heutzutage eher, diese immer qualifiziert zu besetzen und das Bewusstsein für die Bedeutung dieser Branche bei den Menschen vor Ort zu stärken. Mit Sicherheit fällt den Schwarzwäldern auch zur Lösung dieses Problems etwas ein.

HANDWERK UND DESIGN

Das Label Hans Hermann habe ich in Stuttgart kennengelernt. Ein echter Schwarzwälder. Sein Sohn Karl nicht weniger, auch wenn man den Modedesigner auf den ersten Blick nicht unter Tannen und Fichten verorten würde. Und dennoch ein echter Schwarzwälder. Einer mit Liebe zum Handwerk, der Qualität schaffen will. Einer, der in der Welt herumreist, um sich inspirieren zu lassen, und in den Schwarzwald zurückkehrt, um aus den Inspirationen ein solides handwerkliches Produkt zu schaffen. Karl Sütterlin entwirft Fliegen und Einstecktücher, die in Freiburg genäht werden. Hirsche und Tannen sucht man vergebens auf seinen Mustern, aber Omas Tapete ist da schon mal verewigt. Die Kunst des Fliegenbindens hat Karl Sütterlin von seinem Vater gelernt, jenem Hans Hermann, nach dem der Designer sein Schwarzwaldlabel benannt hat. So lebt der Landwirt in den Fliegen seines Sohnes weiter.

Der »Charly«, wie ihn seine Freunde nennen, passte schon als Kind nicht so recht in Schablonen und Normen. Nach der Schule studierte er Modedesign auf den Philippinen, der Heimat seiner Mutter. Zurück in Deutschland, genauer in dem kleinen Dorf Mengen bei Freiburg, verkaufte Karl Sütterlin in einem Kaufhaus der gehobenen Klasse Anzüge, um erst einmal Geld zu verdienen. Ein üppig tätowierter Verkäufer mit offenem Hemdkragen wirkte zwischen dem feinen Zwirn in vielfältigen Blau-, Grau- und

Schwarztönen ziemlich exotisch. Den Wunsch seines Chefs, dass er eine Krawatte oder Fliege tragen könnte, hätte Karl Sütterlin gerne erfüllt, aber er fand kein Modell, das ihm gefiel. Also setzte er sich an die Maschine und nähte eine Schleife für sich. Das Schnittmuster war klar, wie die Fliege zu binden war, auch. Wenige Monate später saß der Modedesigner fast jeden Abend nach der Arbeit in seiner kalten Werkstatt und nähte Schleifen über Schleifen und dazu passende Einstecktücher, denn auch viele andere Männer in seinem Umfeld wollten die Unikate tragen. Der alte Holzofen brachte nur bedingt Wärme in das ausgekühlte Gemäuer auf dem elterlichen Hof. Aber die Leidenschaft für die Fliegen und die Liebe zum Handwerk ließen Karl Sütterlin durchhalten und Hans Hermann wachsen. Irgendwann kündigte der Designer seinen Verkaufsjob und konzentrierte sich nur auf Schleifen und Einstecktücher. Die sind vom Grundprinzip zwar immer gleich, aber die Stoffe sind das, was sie so besonders macht. Mit Punkten kann Karl nicht so viel anfangen. Da hat er lieber kleine Augen designt oder eben die Tapete im Wohnzimmer seiner Großmutter übernommen. Manche Fliegen sind schlicht einfarbig, andere floral, und auf der Ducky schwimmen natürlich kleine Entchen. Ja, jede der Schleifen hat einen Namen, denn seine Produkte bindet Karl Sütterlin sich nicht nur um den Hals, sondern sie liegen ihm auch am Herzen. Da gibt es Tante Gerda, Tante Luise, Tante Otto und noch ein paar Tanten mehr aus der großen Schwarzwälder Verwandtschaft. Als die Namen der Familie vergeben waren, musste sich Karl Sütterlin neue ausdenken. Dabei hilft ihm nun sein ehemaliger Chef, Tobias Marquardt, der als Gesellschafter bei Hans Hermann eingestiegen ist. Gleich welchen Namen die Fliegen tragen, sie bekommen alle das gleiche Zuhause, ein Marmeladenglas. Das soll die Frische des Produkts symbolisieren. Auf einer uralten mechanischen Schreibmaschine hacken die Fliegen-Männer den Namen der Schleife aufs Etikett oder schreiben den Anlass drauf, zu dem sich der Gentleman dieses Accessoire ausgesucht hat.

Die Liebe zum Handwerk und die Verbundenheit mit der Heimat sind zwei Eigenschaften, die die Designerinnen und Designer im Schwarzwald charakterisieren, egal mit welchem Werkstoff sie arbeiten. Die meisten wählen nach wie vor Holz, frisches oder uraltes. Jan Knopp und sein Team arbeiten zwar am Kaiserstuhl, aber das Holz, das sie in ihrer Werkstatt verarbeiten, holen sie aus dem Schwarzwald. Mehr als 100 Jahre standen die Bretter als Scheune auf einem Hof, jetzt werden sie zu Tischen, Schiebetüren oder Wandverkleidungen verarbeitet. Sofort verwendbares Material, denn Wind und Wetter haben das Holz reifen lassen.

Da muss Alexander Ortlieb in Bernau bei seiner Arbeit schon sehr viel behutsamer vorgehen. Der Drechsler und seine Frau leben und arbeiten in einem 200 Jahre alten Haus, in dem schon der Großvater Holzwarenfertiger war. Zwischen November und Ostern fertigten die Bernauer Schnefler mit ihren Zieh- und Schnitzmessern Löffel, Hobel, Spanschachteln, Mausefallen, Schindeln für Fassaden und Dächer, Heurechen und andere Gebrauchsgegenstände aus Holz. Einige der Schnitzer spezialisierten sich auf eines der Produkte oder machten sich an größere Werke wie Schüsseln, Kübel oder Truhen. Vieles für den Eigenbedarf, manches trugen sie aber auch als Hausierer zu ihren Kunden. Die Vertriebswege sollen die Schwarzwälder in besten Geschäftsjahren bis nach Holland geführt haben. Mitte des 19. Jahrhunderts arbeiteten zweihundert Holzschnitzer im Bernauer Hochtal, aber auch in Oberried am Schauinsland, in Kappel, Hofsgrund und St. Wilhelm waren die Schnefler am Werk. Zehn Festmeter Holz verarbeitete jeder der zweihundert Handwerker pro Jahr, vor allem Tanne, Buche und Ahorn aus den heimischen Wäldern.

Wie sein Großvater verarbeitet auch Alexander Ortlieb vor allem Holz aus dem Schwarzwald. Seine Produkte haben nichts mehr mit den groben Schüsseln und Löffeln des 19. Jahrhunderts zu tun. Damals hatte beim Mittagessen auf den Höfen jeder seinen mal grober, mal feiner geschnitzten Löffel in der Hand und angelte sich das Essen aus der Holzschüssel in der Mitte des Tisches. Ortliebs Schüsseln sind filigrane Produkte, die viel Aufmerksamkeit brauchen. Nachdem der Drechsler den Rohling aus frischem Holz gefertigt hat, ruht und trocknet dieser erst einmal auf dem Dachboden. Holz braucht Zeit. Und Holz hat ein Eigenleben. Es kann störrisch sein und es kann springen. Wie ein Stein dem Bildhauer gibt auch ein Stück Holz dem Drechsler vor, was es werden will. Dagegen zu arbeiten, ergibt keinen Sinn. Alexander Ortlieb hat offensichtlich ein gutes Gespür fürs Material, wenn man sich seine hauchdünnen hölzernen Eierschalen anschaut oder eine der dünnen Apfelwiegen, die weder Bretter noch Schalen sind, aber zeigen, wie schön Holz ist, wenn man es nimmt, wie es ist, auch mit Ausbrüchen und Öffnungen. Aus seinem 2000-Einwohner-Dorf liefert der mehrfach ausgezeichnete Holzdesigner seine Arbeiten in alle Welt. Ich bin seinen Produkten auch schon bei Vitra in Weil am Rhein begegnet. Der Möbelhersteller an der Grenze zur Schweiz produziert zwar nicht direkt im Schwarzwald, sondern am Fuß des Gebirges, steht aber genauso wie die großen und kleinen Unternehmen und Werkstätten weiter oben in den Bergen für Qualität in der Herstellung und Bewusstsein für Formen. Werte, die internationale Designer nach Weil und in den Schwarzwald zu Duravit und Grohe führen. Ich schlendere bei Vitra gerne an den Möbelregalen im Schaulager vorbei oder gehe durchs Design Museum. Da ist so viel Kreativität. Das steckt an. Und manchmal entdecke ich im Shop auch ein Produkt, »Handmade in Black Forest« wie eine Vase oder Schale von Alexander Ortlieb.

Ortlieb ist nicht der Einzige auf der Bernauer Hochebene, der das alte Handwerk der Schneflerei in ein neues Zeitalter geführt hat. In mehreren Werkstätten, in denen schon ihre Vorfahren gearbeitet haben, fertigen Handwerkerinnen und Handwerker schlichte, klare, hochwertige und zugleich funktionale Produkte für einen internationalen Markt. Wie ein paar Kilometer weiter in Todtnau die Bürstenmacher. »Handmade« sind diese heute zwar nicht mehr, aber aus dem »Black Forest« gehen Bürsten in die Welt, die so groß sind, dass sie in Putzmaschinen eingesetzt werden können, wie auch Bürsten, die so klein sind, dass man mit ihnen einen Kanal von 0,2 Millimeter Durchmesser reinigen kann. Die Bürstenmacherei ist seit dem 18. Jahrhundert eng mit Todtnau verbunden. Leodegar Thoma, jüngster Sohn eines Müllers, soll die Grundlagen dafür geschaffen haben. Ganz Schwarzwälder Tüftler, suchte er nach einem Weg, sich die Arbeit leichter zu machen. Seine Aufgabe in der Mühle war es, Fußboden, Simse, Truhen, Wannen und Mahlwerk zu putzen. Mit einer Bürste, die er selbst zusammensetzte, sollte die Arbeit leichter von der Hand gehen. Leodegar spannte die ganze Familie ein, jeder bekam eine spezielle Aufgabe. Schnell und effizient produzierten die Thomas ihre Bürsten, die von besserer Qualität waren als die der Konkurrenz, da jeder auf seinem Arbeitsplatz zum Spezialisten wurde. Die Holzrohlinge dafür lieferten in der Regel die Schnefler, die Schweine- und Pferdeborsten holten die Bürstenmacher von den Bauernhöfen. Mitte des 19. Jahrhunderts griff der badische Staat unterstützend in das Geschehen ein. Der Erlös aus dem Handwerk war immer geringer geworden, die Menschen verarmten. Der Großherzog ließ Straßen für einen flüssigen Warentransport bauen, förderte die Qualifizierung der Mitarbeiter und setzte auf eine breitere Produktpalette. Ein Wirtschaftsförderprogramm, das noch lange Wirkung zeigen sollte. Aus den Handwerksbetrieben entwickelten sich Fabriken. Die Todtnauer Bürstenmacher eroberten internationale Marktdominanz. Bei der Weltausstellung im Jahr 1873 in Wien zeigten die Unternehmer ihre Produkte und erhielten eine Fortschrittsmedaille. In Todtnau entstanden Industriegebäude, die bis heute das Stadtbild prägen.

Aber nicht alle Todtnauer gingen in die Fabrik zum Arbeiten. Manche hatten ihren Arbeitsplatz zu Hause, machten Heimarbeit. Die notwendigen Tische und das Material wurden ihnen ins Haus gebracht, die fertige Ware wurde abgeholt. So gut das klingt, sich seine Arbeit zu Hause frei einteilen zu können, spätestens seit der Covid-19-Pandemie wissen viele, welche Disziplin es braucht, im heimischen Umfeld seinem Beruf nachzugehen. Zu meiner Grundschulzeit hatte ich einen Schulfreund, dessen Mutter durch Heimarbeit das Familienbudget aufstockte. Sie setzte Steckdosen zusammen. Wenn ich meinen Freund zum Spielen abholen wollte, konnte ich schon an den Kisten im Flur sehen, ob wir gleich rausgehen konnten oder ob auch wir Kinder erst noch eine Runde Steckdosen zusammenbasteln mussten. Spätestens wenn der Fahrer vor der Tür stand, der die Dosen abholte, musste das vereinbarte Tagespensum fertig sein. An manchen Tagen wurde es dann auch gar nichts mit dem Spielen. Das war nicht weiter schlimm, denn mir machte die Arbeit Spaß. Weniger Spaß hatte ich, wenn wir gemeinsam Laubsägearbeiten machten oder schnitzten. Dafür sind meine Hände einfach nicht gemacht. Da fehlt mir das Feingefühl. Wie viele dieser hauchdünnen Sägeblätter habe ich zerbrochen, weil ich mit viel zu viel Druck das Blatt durchs Holz gezogen habe? Ich weiß es nicht mehr, aber es waren viele. Staunend beobachtete ich auch, wie andere Kinder mit einem Messer kleine Tiere aus Holzstöcken schnitzten. Mit einer ganz ähnlichen Bewunderung stand ich viele Jahre später in einer Werkstatt in Triberg und sah einem Schnitzer über die Schulter. Wir wollten unserer Patentochter zum ersten Weihnachtsfest, das sie feierte, Krippenfiguren schenken. Keine Importware, sondern eine im Schwarzwald aus Schwarzwaldholz geschnitzte Maria mit Josef, Jesuskind, Ochs und Esel. Schafe, Schäfer und die Heiligen Drei Könige sollten später dazukommen. Deshalb fuhren wir eigens in den Südschwarzwald und besuchten mehrere Schnitzer, bis wir die Figuren fanden, die wir uns vorgestellt hatten. Filigran, ohne Farbe, nur gebeizt, nicht zu groß und nicht zu klein. Dabei stellten wir fest, dass es gar nicht mehr so viele Schnitzerwerkstätten gab, wie wir uns das gedacht hatten. Früher fand man in fast jedem Schwarzwalddorf einen Holzschnitzer, der Heilige als Statuen in Holz verewigte, Häuschen für Kuckucksuhren schnitzte, Krippenfiguren oder Masken für die Fasnetnarren aus Holzstücken herausschälte. Die Zahl der Werkstätten hat abgenommen. In denen, die es noch gibt, arbeiten Schnitzer, und zunehmend auch Schnitzerinnen, oft noch an Tischen, an denen schon viele Generationen vor ihnen gearbeitet haben. Gerade wer Larven für die Fasnetfiguren macht, hat gut zu tun, denn das Brauchtum ist wieder sehr populär geworden. Jede neue Zunft, die entsteht, braucht ihr Gesicht, im wahren Sinn des Wortes.

Die Handwerkskunst der Schnitzer ist also nach wie vor gefragt, die der Glasbläser weniger. Sie gehörten viele Jahrhunderte zum Schwarzwald wie die Tannen, sind heute aber fast nur noch als Kunsthandwerker tätig oder in Ortsnamen verewigt wie in »Altglashütten« am Feldberg oder »Glashütte« zwischen Schluchsee und Bonndorf. Glas ist heute vor allem ein industriell erzeugtes Produkt. Die einzige Glashütte, die im Südschwarzwald noch in Betrieb ist, ist sehr jung. Zwei Hamburger Kaufleute gründeten 1947 die Dorotheenhütte in Wolfach, wo feines Kristallglas mundgeblasen und geschliffen wird wie in alten Zeiten. Die ersten Waldglashütten entstanden im Südschwarzwald bereits im 13. Jahrhundert und begründeten eine Glasmachertradition, die bis ins 19. Jahrhundert hineinreichte. Dann waren die Hänge des Schwarzwalds ziemlich abgeräumt, und es gab nicht mehr genügend Holz für die Glasproduktion. Bis dahin allerdings waren alle Materialien, welche die Handwerker fürs Glasblasen brauchten, im Überfluss vorhanden gewesen: Quarzsand, Buchenholz, um Pottasche herzustellen, Tannen- und Fichtenholz, um das Schmelzfeuer stabil heiß zu halten.

Im Grunde produzieren die Glasmacher in der Dorotheenhütte noch heute mit den gleichen Grundstoffen. Aufs Milligramm genau wiegen die Schmelzer die Materialien für die Glasmischung ab. Bei 1450 Grad Celsius entsteht jene zähe Masse, die die Glasbläser auf den langen Rohren aus dem Ofen holen und zu Vasen, Gläsern, Karaffen oder Krügen formen. Dabei macht keiner alle Arbeitsschritte. Auch vor den Schmelzöfen hat jeder seine ganz spezielle Aufgabe. In Wolfach können Besucher Handwerkern zusehen und sich auch selbst in der hohen Kunst des Glasblasens versuchen. Nach einem solchen Versuch konnte ich nur zu gut verstehen, dass die Deutsche UNESCO-Kommission diese Art der manuellen Glasfertigung ins Verzeichnis des immateriellen Kulturerbes aufgenommen hat.

Ob die Schwarzwälder Schindelmacher diese Auszeichnung auch einmal bekommen werden? Die kleinen, konisch zugeschnittenen Brettchen, die sie herstellen, waren einst die traditionelle Bedeckung von Dach und Fassade der Schwarzwälder Bauernhöfe. Sie halten Sturm, Schnee und Sonne gleichermaßen aus. Rund 35 000 Schindeln braucht es, bis ein Dach für ein Bauernhaus gedeckt ist. Kein Wunder, dass in früheren Jahrhunderten das Schindelmachen eine gängige Winterarbeit auf den Höfen war. Die Baumstämme wurden – und werden auch heute noch – in dicke Scheiben gesägt. Von diesen sogenannten Rollen entfernen die Schindelmacher die Rinde und spalten das Holz anschließend auf, als ob sie einen Kuchen aufschneiden würden. Aus jedem »Tortenstück« spalten sie wiederum vorsichtig acht Schindeln. Danach setzen sich die geduldigen Handwerker auf den »Schnidesel« (Schneidesel), wie die Alemannen die Schnitzbank nennen. Dort ziehen sie die Holzplatten konisch glatt. Unglaublich, dass am Ende des Tages bis zu sechshundert Schindeln fertig sein können, jede einzelne nicht dicker als zehn oder zwölf Millimeter. Damit das gelingt, muss das Holz relativ frisch sein. Im Herbst, wenn die Bäume sich in den Winterschlaf zurückziehen, sind die Stämme durch die Saftruhe fest und stabil, ideal fürs Schindelmachen in den Wintermonaten.

KUNST UND ARCHITEKTUR

Nach zahlreichen Bechern Kaffee und zähen Diskussionen war endlich klar: Das Wetter erlaubte noch nicht einmal Schulungsflüge. Als völlig unerfahrene Flugschülerin hatte ich die Spekulationen über die Wetterentwicklung nicht wirklich verstanden. Ein Blick aus dem Fenster genügte eigentlich, um zu sehen, dass wir mitten in den Wolken saßen und diese Wolkendecke noch weit nach oben reichte. Aber so einfach machen sich Segelflieger das Leben nicht. Wetterinfos aus dem Internet gab es damals noch keine, aber der Wetterdienst am Flughafen Zürich bestätigte, dass für uns am Flugplatz Hütten hoch über Wehr an diesem Tag kein Flugwetter in Sicht war. Piloten finden auch bei Schlechtwetter immer eine Beschäftigung rund ums Flugzeug, aber da dies nicht unser erster Regentag war, war schon ziemlich alles geputzt und gewartet. Wir stiegen um aufs Auto und fuhren durchs Große und Kleine Wiesental nach Kandern. Zugegeben, das ist nicht der kürzeste Weg vom Flugplatz bei Rickenbach in die Töpferstadt, aber wir hatten ja Zeit und genossen die Landschaft. Zu unserer Schwarzwaldfahrt unter regennassen Bäumen hörten wir Musik von Dire Straits, tauchten langsam unter den Regenwolken durch, und ich hoffte sehr, dass Horst Kerstan in seiner Keramikwerkstatt sein würde.

Er war da. Warum wollte ich unbedingt zu diesem Keramiker? Kerstan war der erste Europäer, der wie Töpfer im ostasiatischen Altertum einen Anagama-Brandofen nutzte.

Kerstan hatte einen solchen traditionellen Einkammerofen, der behutsam über fünf Meter hangaufwärts ansteigt, im Garten seiner Werkstatt aufgebaut. Die Tunnelöfen werden mit Holzfeuer auf Temperaturen bis über 1000 Grad erhitzt. Horst Kerstan feuerte mit Kiefernholz und ließ seine Werkstücke mehr als sieben Tage im Ofen. Ich war fasziniert von diesen Tonarbeiten mit den charakteristischen Aschespuren auf den Naturglasuren und wollte sozusagen hinter die Kulissen oder besser in den Ofen blicken. Das war tatsächlich möglich, da der Ofen gerade ausgekühlt war. Der Besuch in dieser Werkstatt und dem regenfeuchten Garten war ein großes Glück für mich. Und seitdem muss ich nicht ins Museum, wenn ich ein Kerstan-Werk sehen möchte. Das habe ich jetzt im Wohnzimmer.

Kandern, das kleine Städtchen südlich des Hochblauen gelegen, hat eine lange Töpfertradition. Umfangreiche Tonvorkommen für die Gefäße und Holz zum Befeuern der Öfen bildeten eine gute Grundlage für die Hafner. So hießen jene Töpfer, die jahrhundertelang Alltagsgegenstände wie Krüge, Schalen und Becher mit ihren Händen formten, wie sie heute jedes noch so kleine Heimatmuseum zeigt. Das 19. Jahrhundert war die hohe Zeit der Keramiker in Kandern mit vierunddreißig eingetragenen Betrieben. Gegen Ende des Jahrhunderts kauften die Menschen aber eher feineres Geschirr, oft industriell produziert. Die Großherzogliche Regierung von Baden wollte das Gewerbe nicht untergehen lassen und startete ein Wirtschaftsförderprogramm für die Tonwerke vor Ort. So kam Max Laeuger als erster Keramikkünstler nach Kandern. Seine Jugendstilarbeiten, die in der Kunsttöpferei Kandern entstanden, verschafften dem Ort tatsächlich neue Aufmerksamkeit. Mit Richard Bampi ließ sich ein weiterer international bekannter Keramikkünstler im Südschwarzwald nieder. Sein Meisterschüler Horst Kerstan lebte und arbeitete in späteren Jahren in Bampis Haus und Werkstatt. Beatrix Sturm-Kerstan führt die künstlerische Tradition dort weiter.

Zur Zeit von Max Laeuger tauchte ein anderer Künstler häufiger in Kandern auf, den vermutlich viele nicht gerade im Südschwarzwald verorten würden. August Macke verbrachte einige Sommer seines kurzen Lebens in der Töpferstadt. Es war nicht das Licht, das den expressionistischen Maler aus dem Rheinland in das Schwarzwaldstädtchen gezogen hatte, es war schlicht und ergreifend die Tatsache, dass seine Schwester dort Wirtin in der Krone war. Macke fand viele Motive in dem kleinen Ort, die den Künstler zu rund zwanzig Ölgemälden und auch einigen Aquarellen inspirierten. Auf dem kleinen August-Macke-Rundweg kann man sich diese Motive auch mehr als 100 Jahre später noch erwandern.

Die Motive, die Hans Thoma, der Schwarzwaldmaler schlechthin, verewigte, sind dagegen heute fast nicht mehr zu finden. Dafür geben Thomas Gemälde einen sehr intensiven Eindruck vom Leben in der kargen Landschaft der Bernauer Hochebene in der zweiten Hälfte des 19. Jahrhunderts. Bei der *Heuernte*, einem Gemälde aus dem Jahr 1871, stehen die Frauen im Vordergrund, die ein Vesper auf die Wiesen bringen. Im Hintergrund mähen die Männer mit der Sense, einer schärft das Sensenblatt gerade, während daneben bei einer Mühle Wasser über das Treibrad läuft. Hinter den Frauen gehen ein Mädchen und ein Junge, die Holzrechen über der Schulter tragen, um das gemähte Gras später zu wenden, damit es von allen Seiten trocknet. Als ich im Thoma-Museum in Bernau vor diesem Bild stand, wurden Erinnerungen an Sonntagvormittage bei mir wach, wie wir in der Frühe, vor der Hitze des Tages, zu einer unserer Wiesen zogen, um das tags zuvor gemähte Gras zu wenden. Auch mein Vater mähte lange Zeit die Wiesen mit der Sense, die er auf dem Feld mit einem Wetzstein schärfte und zu Hause dengelte: Mit einem Hammer schlug er auf das Metall an der Schneidseite des

Sensenblatts, sodass das Material dünn ausgetrieben wurde und eine scharfe Kante entstand.

Motive wie die Heuernte fand Hans Thoma in seiner Heimat viele. Auch wenn er Landschaftsbilder malte, setzte er gerne irgendwo Menschen ein, die einen Weg mit einem Heurechen über der Schulter entlanggehen, oder andere, die Ziegen hüten. Das Bernauer Tal ist breit, die Ortsteile und Bauernhöfe liegen locker verstreut, dazwischen finden sich viele Weideflächen. Auf 1000 Meter Höhe waren die Winter zu Thomas Zeit lang. Auch heute noch bleibt der Schnee auf der Hochebene bis in den Frühling hinein liegen. Die Form des Tals ist uralt, geschaffen von den Gletschern der Eiszeit. Die Familie Thoma hatte es nicht leicht, ihren Lebensunterhalt zu erwirtschaften. Es waren eher karge Lebensverhältnisse, aus denen heraus sich das Talent des Künstlers entfalten musste. Nachdem Thoma im Jahr 1890 im Münchner Kunstverein ausgestellt hatte, waren er und vor allem seine Porträt- und Landschaftsbilder in ganz Deutschland bekannt. Aber bis dahin war der Weg steinig. Hans Thoma malte und zeichnete wohl schon als Kind gerne, aber als Sohn eines Holzarbeiters im tiefen Schwarzwald war ein Lebensweg als Künstler zunächst einmal undenkbar. Als Handwerker oder Kunsthandwerker schon eher. Thoma, der 1837 geboren war, brach sowohl eine Lehre als Lithograf und Anstreicher in Basel als auch eine Ausbildung zum Uhrenschildermaler in Furtwangen ab. Bis er 1859 an der Großherzoglichen Kunstschule in Karlsruhe aufgenommen wurde, malte er autodidaktisch. Ich stelle mir diese Zeit für ihn nicht einfach vor, aber vermutlich hatte auch Hans Thoma dieses Gen der Schwarzwälder Beharrlichkeit in sich. Mit dieser Zielstrebigkeit wurde er nach einigen Studien- und Wanderjahren nicht nur ein anerkannter Künstler, sondern 1899 auch Professor an der Großherzoglichen Kunstschule in Karlsruhe und Direktor der dortigen Kunsthalle. Diese und das Städelsche Kunstinstitut in Frankfurt besitzen die wichtigsten Thoma-Sammlungen. Gemälde von Hans Thoma kann man aber auch in Bremen, Berlin, Hannover, Essen, Mainz, München und andernorts sehen. Immer wieder kehrte der Künstler in seine Heimat Bernau zurück, malte Landschaft und Menschen. Ich mag besonders die Porträts von Mutter und Schwester. Wie sie gemeinsam nähen oder lesen. Oder wie die alte Mutter Rosa am offenen Fenster sitzt, ein Buch in den Händen, die Füße aufgestellt auf einem Stück Holz, das wiederum auf einem Schemel liegt. Jede Falte in ihrem Gesicht ist zu erkennen, das alte Holz der Wände und Möbel in der Stube kann man fast riechen, die Wärme der Abendsonne spüren.

Rosa Thoma hatte verwandtschaftliche Verbindungen nach Menzenschwand, einer ähnlich kargen Gegend wie das Bernauer Hochtal, zur Familie von Franz Xaver und Hermann Winterhalter. Die Großväter von Franz Xaver und Hermann sowie der Großvater von Rosa Thoma waren Brüder. Ob das künstlerische Talent in der Familie lag? Franz Xaver jedenfalls eroberte mit seiner Porträtmalerei die europäischen Herrscherhäuser des 19. Jahrhunderts. Wer im Sisi-Museum der Wiener Hofburg vor dem Porträt der Kaiserin aus dem Jahre 1865 steht, auf dem sie ein schulterfreies weißes Kleid trägt, leicht über die Schulter den Betrachter anschaut, ihre unglaublich langen Haare mit Brillantsternen geschmückt, der steht vor einem echten Franz Xaver Winterhalter. Auch die Winterhalter-Brüder stammten aus einfachen Verhältnissen, und Franz Xaver ging, wie Jahre später Hans Thoma, bei einem Lithografen in die Lehre. Er allerdings beendete die Ausbildung und erhielt im Anschluss ein Stipendium für das Studium der Malerei in München. 1828 kam Franz Xaver an den Großherzoglichen Hof in Karlsruhe, um die Familie zu porträtieren und Zeichenunterricht zu geben. Doch den Schwarzwälder zog es weiter als nur in die Rheinebene. Paris war die Stadt seiner Sehnsucht, wo er ab 1834 lebte und zum gefragten Porträtmaler der gekrönten Häupter Europas wurde. Es soll sogar Wartelisten gegeben haben. Wenn er jemanden porträtierte, wohnte er vor Ort. Im Buckingham Palace besonders häufig, denn Queen Victoria ließ sich 15 Jahre lang Jahr für Jahr von Neuem vom Schwarzwälder Maler verewigen. Um die viele Arbeit zu bewältigen, holte Franz Xaver seinen Bruder Hermann ins Atelier. Vermutlich war ihm auf seinen Reisen bewusst geworden, wie wichtig Bildung für das Leben eines Menschen ist. In Menzenschwand ließ Winterhalter jedenfalls eine Schule bauen, die es bis dahin dort nicht gegeben hatte. Damit die Kinder auch wirklich lernen durften und nicht zu früh arbeiten mussten, gründete er eine Stiftung, die es allen Jungen und Mädchen ermöglichen sollte, Bildung zu erwerben. Das Schulgebäude war zugleich Rathaus und heißt seit 2008 »Le Petit Salon«, in dem die Menzenschwander die Erinnerung an die Künstlerbrüder Winterhalter wachhalten.

Porträt und Landschaft sind im 19. und beginnenden 20. Jahrhundert die vorherrschenden Genres der Schwarzwaldmaler. Das Winterlicht hat es zwei Künstlern besonders angetan. Karl Hauptmann, der in seinem »Molerhüsli« am Herzogenhorn lebte, und Hermann Dischler, der andere »Schneemoler«, der ab 1901 immer wieder den Winter im Bernauer Tal malte. Wer wissen will, welche Schönheit und zugleich Herausforderung früher der Winter im Schwarzwald war, sollte sich diese Bilder ansehen. Da wird jedem klar, weshalb die Schwarzwaldhöfe so tief gezogene Dächer haben und weshalb Schneeschuhe und Skier das beste Fortbewegungsmittel während der Wintermonate waren. Mich fasziniert, wie die Maler das winterliche Licht eingefangen haben. Karl Hauptmann musste am Herzogenhorn ja nur vor die Tür gehen, Hermann Dischler machte Fotos, die er dann im Atelier in Gemälde umsetzte. Würde ich eines der Bilder zu Hause aufhängen wollen? Ich weiß es nicht. Auf alle Fälle schaue ich sie mir aber sehr gerne an.

Thoma, Dischler, Hauptmann – diese Künstler malten ihre Heimat Schwarzwald, wie sie Landschaft und Menschen sahen. Sie wären nie auf die Idee gekommen, eine Kuckucksuhr in Rot zu malen oder einem Schwarzwaldmädel ein Gewehr in die Hand zu geben. Ganz anders Stefan Strumbel, Jahrgang 1979. Die Symbole seiner Schwarzwaldheimat haben den Gegenwartskünstler zu der Frage herausgefordert: »What the fuck is Heimat?« 2012 stand ich im Karlsruher Schloss vor dieser Frage. In übergroßen Buchstaben, auf eine zusammengezimmerte Wand aus alten Türen und Brettern aufgesprüht. Stefan Strumbel forderte bei der Landesausstellung zum 900-jährigen Bestehen des Hauses Baden nicht nur sich selbst zur Auseinandersetzung mit dem Heimatbegriff heraus. Wo sind unsere Wurzeln? Wie gehen wir damit um? Diese Fragen trieben den Künstler in jenen Jahren ebenso stark um wie viele Menschen im Zeitalter der Globalisierung. Ins Schloss ging man damals durch einen offenen gemalten Mund unter dem Ziffernblatt einer fast 18 Meter hohen Kuckucksuhr im Pop-Art-Stil, dekoriert mit Knochen, Greifvögeln und dem badischen Wappen. Mit der Kuckucksuhr hat sich Stefan Strumbel besonders intensiv auseinandergesetzt. Er hat die traditionellen Motive durch Symbole ersetzt, die für Gewalt, Tod und Pornografie stehen, um damit gesellschaftliche Realität abzubilden. Auf den ersten Blick wirkt alles, wie man es kennt, nur vielleicht bunter. Auf den zweiten Blick entdeckt man das Hintergründige. Zwei Elemente, die eng mit dem Schwarzwald verbunden sind, hat Strumbel in tonnenschwerem Cortenstahl verewigt. Ein Herz, das er *Das kalte Herz* nennt wie im Märchen von Wilhelm Hauff, und zwei überdimensionale Tannenzapfen, die in Rothaus ihren Platz gefunden haben. 15 Meter hoch, 6 Tonnen schwer mit Kettengliedern wie an einer Kuckucksuhr stehen die beiden Zapfen in der Nähe der Zäpfle-Brauerei: *Verstehen ist ein Gefühl von Heimat.* – Verstanden werden auch.

Die Arbeiten von Stefan Strumbel begeistern Kunstsammler und irritieren Menschen, die nicht so viel mit dieser Kunst anfangen können. Für Kenner wie Neulinge macht der Rehberger-Weg zwischen Vitra in Weil am Rhein und der Fondation Beyeler im schweizerischen Riehen ein Angebot. Am Anfang des Wegs, egal ob man ihn in der Schweiz oder in Weil beginnt, sollte man die große himmelblaue Glocke läuten und dann einfach ausprobieren, was auszuprobieren ist. Lieder singen, eine Minute lang einen Baum umarmen oder einfach in den Himmel schauen und beobachten, was sich dort oben tut. Barfuß gehen, Blätter und Früchte sammeln. Ich habe immer viel Spaß auf diesem Weg und hoffe auf gutes Wetter, um diesen gigantischen Blick auf Basel genießen zu können. Über die App 24 Stops erfährt man auch einiges über den Künstler Tobias Rehberger, die Landschaft, die einen umgibt, und die Arbeit der Winzer am Tüllinger Berg. Das Verständnis für Kunst und Natur wächst und »Verstehen ist ein Gefühl von Heimat«, um Stefan Strumbel nochmals zu zitieren. Weiter oben am Berg liegt das Art-Dorf Ötlingen. Fast an jedem Haus hängt ein Kunstwerk, eine große Open-Air-Galerie. Da ist Kunst etwas Alltägliches.

»Malen heißt nicht Formen färben, sondern Farben formen«, hat Henri Matisse einmal gesagt. Dieses Zitat kam mir in den Sinn, als ich vor dem Garten stand, den Piet Oudolf auf dem Gelände der Firma Vitra in Weil am Rhein angelegt hat. Ein bisschen ist es wie mit Stefan Strumbels Werken. Es ist nicht so, wie es auf den ersten Blick wirkt. Zunächst habe ich Wildnis wahrgenommen, doch dann gemerkt, wie gut dieser Garten durchkomponiert ist, wie die Farbflächen ineinander übergehen. Eigentlich wachsen auf dem Vitra-Gelände keine Gärten, sondern Gebäude von außergewöhnlich hoher architektonischer Qualität. Architekten und Architekturfreunde aus der ganzen Welt zieht es an den Fuß des südlichen Schwarzwalds, um diese Gebäude zu sehen und zu erleben. Rolf Fehlbaum hätte verzweifeln können, als er 1981 vor den verkohlten Überresten seiner Möbelfabrik stand, die ein Großbrand zu Asche werden ließ. Aber der frühere Geschäftsführer von Vitra erkannte die Chance, die in einem Neuanfang liegen kann. Passend zu dem anspruchsvollen Möbeldesign, für das seine Firma steht, sollte die Architektur der Firmengebäude ebenfalls hochwertig sein. Die ersten neuen Produktionshallen baute der britische Architekt Nicholas Grimshaw. Den Ursprungsplan einer homogenen Neubebauung verwarf Fehlbaum, als er den amerikanischen Architekten Frank O. Gehry kennenlernte. Er beauftragte diesen, das Vitra Design Museum auf seinem Gelände zu bauen, und legte damit den Grundstock für eine einmalige Architektursammlung. Das Museum war Gehrys erstes Werk in Europa. Die irakisch-britische Architektin Zaha Hadid schuf ein Gebäude für die Betriebsfeuerwehr, die Fehlbaum als Lehre aus dem Großbrand einrichtete. Allerdings nur für wenige Jahre, da diese die Arbeit der öffentlichen Feuerwehren nicht ersetzen konnte. Viele der Architekten, die bei Vitra gebaut haben, sind Träger des Pritzker-Preises, der weltweit renommiertesten Auszeichnung für Architekten. Allerdings haben sie in Weil gebaut, bevor sie den Preis bekommen haben. Rolf Fehlbaum hat offensichtlich ein Gespür für Architektur.

Obwohl ich schon oft auf dem Vitra-Gelände war, gehe ich immer wieder bei einer Architekturführung mit, denn es ist eine Sache, die Gebäude von außen zu sehen, eine ganz andere, sie von innen zu erleben. Deshalb würde ich auch jedem raten, einmal den Vogtsbauernhof bei Gutach zu besuchen. Mal reingehen in die alten Bauernhäuser, die von außen so romantisch und gemütlich aussehen, aber innen schon recht dunkel und beengt sein können. Dass es eng war, wundert nicht, schließlich mussten alle unter einem Dach Platz finden, Menschen wie Tiere. Wie ein Haus gebaut wurde, entschieden

Klima, Landnutzung, ob Nutztiere gehalten wurden und welche Baustoffe man zur Verfügung hatte. So entstand schon ungefähr um das Jahr 1500 das typische Schwarzwaldhaus mit tief gezogenem Walmdach gegen Schnee und Wind, meist an den Hang angelehnt. Über das höher am Gelände gelegene »Ifahrhüsli« konnten die Bauern Heu und Korn auf den Dachboden schaffen. Größere Ställe für Rinder, kleinere für Ziegen lagen direkt neben den Wohnräumen der Bauersfamilie. Holz und Steine waren in Hülle und Fülle vorhanden, also wurde damit gebaut. In den katholischen Gegenden durfte die Hofkapelle nicht fehlen. Im protestantischen Markgräflerland wird man diese vergeblich suchen. Dafür gibt es dort auch Backhäuschen. Wo Getreide angebaut wurde, stand in der Regel auch eine Mühle. Bis alles untergebracht war, entstanden ziemlich große Gebäude.

Heute stehen die Südschwarzwälder vor der Frage, wie sie diese alten Höfe in die Zukunft bringen können. Niedrige Raumhöhen, kleine Fenster, unebene Böden – Einheimische wie Feriengäste haben andere Erwartungen an moderne Wohnkultur. Auf einer Architekturroute durch den Schwarzwald kann man sich gelungene Beispiele anschauen, wie alte Höfe modern genutzt werden. Der Verein Bauwerk Schwarzwald hat diese Route und fünf weitere zusammengestellt. Seit 2020 haben es sich die Mitglieder zur Aufgabe gemacht, Hofbesitzer dabei zu unterstützen, ihre alten Häuser behutsam und mit Respekt vor der Tradition in die Moderne zu führen, aber auch Bauherren zu unterstützen, die traditionelle Materialien und Handwerkstechniken für ihre zeitgemäße Architektur verwenden wollen. Auch dafür gibt es eine Architekturroute. Insgesamt hat der Verein fünfundneunzig Bauwerke im Schwarzwald ausgezeichnet. Da sind Neubauten wie das Gebäude der Elektrizitätswerke in Schönau dabei, Häuser für Gäste und Besucher, sprich Hotels und Ferienwohnungen, alte Höfe, die neu genutzt werden,

Holzbauten, öffentliche Gebäude und alte Gebäude, die modernisiert wurden, wie die Goldene Krone in St. Märgen. Also, schenken Sie auch der Architektur des ehemaligen Grandhotels im Hochschwarzwald ein bisschen Aufmerksamkeit, wenn Sie im Café der Landfrauen ein Stück Schwarzwälder Kirschtorte genießen.

DIE SCHWARZWÄLDER UND IHR ALEMANNISCH

Die Menschen im südlichen Schwarzwald brauchen nicht viele Worte, um etwas zu sagen. Manchmal beschränken sie sich einfach auf die Mimik. Und diese ist so eindeutig, dass jeder versteht, was gesagt werden soll. Auf der anderen Seite entsteht, wenn mehr Worte ins Spiel kommen, auch ein wirkliches Gespräch. Kein Austausch von vermeintlichen Gewissheiten und trendigen Phrasen. Das liegt vielleicht auch an den Themen, über die die Schwarzwälder reden - sofern es »die« Schwarzwälder überhaupt gibt. Der Schutz der Natur, die Zukunft der Kulturlandschaft, das respektvolle Zusammenleben liegen ihnen am Herzen. Widerständigkeit oder zumindest eine klare Meinung zeichnet Hochschwarzwälder und Hotzenwälder in besonderem Maß aus, aber auch die Winzer und Fischer in der Rheinebene. »Nai, hemmer gsait«, ist eines der bekanntesten Zitate aus der Antiatomkraftbewegung in den 70er-Jahren des vergangenen Jahrhunderts gegen ein AKW in Wyhl am Rhein. Und dieses »Nai« sollte jeder akzeptieren, der es hört. Das AKW in Wyhl wurde nie gebaut.

Ein Meister dieser knappen Rede ist zwischenzeitlich deutschlandweit bekannt – und beliebt. Christian Streich, Fußballtrainer des SC Freiburg, kann auch erfahrene Journalisten mit seinen knappen Antworten aus dem Konzept bringen. Es gibt allerdings Themen, bei denen der Südschwarzwälder durchaus nicht so wortkarg ist. Zusammenhalt in der Gesellschaft zum Beispiel. Respekt voreinander. Aufrichtigkeit. Diese Passagen aus seinen Pressekonferenzen werden tausendfach, manchmal millionenfach aufgerufen. Lässt so viel Popularität nicht auch einen Südschwarzwälder abheben? Christian Streich weiß um diese Gefahr, relativiert aber ganz schnell. Das gelte alles nur für Deutschland, ein paar Kilometer weiter in Frankreich kenne ihn keiner.

Dafür kennt ihn rund um seinen Heimatort Eimeldingen jeder. Und der ein oder andere erinnert sich vielleicht auch daran, dass Streich nicht immer pflegeleicht war. Das Widerständige, vielleicht auch Eigensinnige, welches die Südschwarzwälder ausmacht, lässt die Menschen auch dann durchhalten, wenn es mal nicht so gut läuft. Eine Eigenschaft, die Christian Streich derzeit nur manchmal braucht, denn der SC spielt seit mehreren Spielzeiten einfach gut zusammen. Solide. Verlässlich. Ohne Show. Präzise. Wie man es im Südschwarzwald eben so macht. Und manchmal mit großen Emotionen. So großen, dass Streich auch mal der Trainerbank verwiesen wird. Genauigkeit in der Wortwahl ist dem Ur-Alemannen wichtig. Deshalb zögert Christian Streich oft mit seinen Antworten.

Gesprächspausen auszuhalten, das ist für Menschen wie mich, die gerne viel erzählen, gar nicht so einfach. Doch im Südschwarzwald braucht man diese Fähigkeit. Sonst kommt kein Gespräch zustande. Das wirkt vielleicht manchmal abweisend, ist aber nie so gemeint. Ich erinnere mich an einen Abend im Rößle in Geschwend. Es war kalt und regnerisch, wir hatten gerade noch einen Tisch bekommen und saßen bei einer wärmenden Kürbissuppe, als Übernachtungsgäste eintrafen. Voller Euphorie, wieder mal an diesem besonderen Ort zu sein. Stammgäste seien sie, seit Langem. Prima. Aber der rote Teppich wird deshalb noch lange nicht ausgerollt. Mit einem freundlichen Lächeln erhält das ältere Paar die

Zimmerschlüssel: Sie kennen sich ja aus. Keine überschwänglichen Begrüßungsphrasen, einfach: Schön, dass Sie wieder mal da sind.

Dabei kann ich die Euphorie der Gäste durchaus verstehen. Das Rößle ist schon etwas ganz Besonderes. Ein Gasthaus ohne Wirt. Ein Beispiel für Ausdauer, Kreativität, fürs »Zsämmehebe«, den Zusammenhalt. Was mit einem Handschlag bei einem Polterabend begann, ist heute ein genossenschaftlicher Betrieb, mit mehr als 220 Mitgliedern. Jedes Mitglied hat eine einzige Stimme, gleich, wie viele Anteile es gezeichnet hat. Ein Hochrisikoprojekt sei das Ganze, eine Challenge für die Dorfgemeinschaft: Ewald P. Dießlin, Vorsitzender des Aufsichtsrats und von Anfang an dabei, machte sich 2011 bei der Gründung der Genossenschaft keine Illusionen über das ehrgeizige Vorhaben. Und vielleicht wäre das Projekt andernorts auch gescheitert, aber die Schwarzwälder Beharrlichkeit, die Kompetenz im Umgang mit alten Baumaterialien, die Fähigkeit, seine Meinung zu sagen und auch die Ansicht der anderen zu hören, der Ideenreichtum der Menschen, das führte zu einer wahren Erfolgsgeschichte. Sowie die feste Überzeugung: »Des isch was fürs Dorf.« Dabei zu sein war auch für die Handwerker »e bissle Ehrensache«.

Jahrelang stand das Gasthaus aus dem 18. Jahrhundert leer. Spinnweben zogen sich um Regale und Schränke, von der Küchendecke war an manchen Stellen der Verputz abgebröckelt, überall stand altes Geschirr herum, zugedeckt von Staub. Da braucht es schon sehr viel Motivation, um ans Werk zu gehen. Oder Liebe zum Objekt und zur Heimat. Die 47 Genossinnen und Genossen, die am Anfang dabei waren, hatten beides. Manchen fehlte das Geld, Anteile zu zeichnen, aber sie packten dennoch mit an. Respekt vor dem, was die Vorfahren geschaffen hatten, war ein wichtiges Leitmotiv bei der Renovierung, allerdings stellten die Rößle-Freunde auch fest: »Du chaasch nit alles ufhebe.« Das Holz der Wand- und

Deckenverkleidung in der Wirtschaft aus dem Jahr 1773 konnte aber bleiben, ebenso wie die Dielenböden aus dieser Zeit. Tische und Stühle sind zum Teil 100 Jahre alt, alles fachgerecht aufgearbeitet. Modern ist der Glaswindfang, der die Gäste empfängt. Darauf ein Bild, das verdeutlich, worum es geht: Vier Menschen tragen ein Pferd. Symbol dafür, dass man gemeinsam auch ein Pferd hochstemmen kann. Beim Projekt »dasrößle« packen viele mit an.

Beim »Rößle-Mendig« liegen alle zwei Wochen auch Spielkarten auf dem Tisch, vor allem Cego-Karten. So wie gerade auch vor mir auf meinem Schreibtisch. Nur kann ich (noch) nichts damit anfangen. Aber ich habe ja auch keine Ahnung von Tarock, und Cego wird mit Tarockkarten gespielt. Im Schwarzwald erzählt man sich, dass badische Soldaten Anfang des 19. Jahrhunderts, als sie für Napoleon gegen Spanien Krieg führten, das Spiel »L'Hombre« auf der iberischen Halbinsel kennengelernt hätten. Ein Spiel, bei dem Karten verdeckt in der Tischmitte liegen, die sogenannten blinden Karten. Die Soldaten passten das Spiel an ihre Tarockkarten an, Cego war entstanden. Den Namen leiteten die Spielerfinder von dem spanischen Wort »ciego« für blind ab. Das Verb »cegar« steht für erblinden, kann aber auch verblüffen bedeuten. Armin Laber, der Schwarzwald-Ranger am Feldberg, ist begeisterter Cego-Spieler und so etwas wie Cego-Historiker. Auf seiner Internetseite erklärt er Spielverlauf, die Geschichte des Cego und vieles mehr. Angeblich kann jeder Cego spielen, wenn er alles durchgelesen hat. Ich habe es noch nicht ausprobiert. Oder man besucht einen der Volkshochschulkurse im Hochschwarzwald, um zu erfahren, was ein »Gstieß« ist oder eine »Lusche«, und um überhaupt mal zu lernen, wie man mit den zweiundzwanzig Trümpfen, sechzehn Farbkarten und sechzehn leeren Karten sein Spiel macht. Einige Motive wie König oder Dame kenne ich, aber was ist mit den Karten mit Zahlen und Tiermotiven drauf? Anita Schwörer aus

Titisee-Neustadt könnte das alles erklären. Die Illustratorin spielte als Kind samstags nach getaner Arbeit mit ihrer Oma Cego am Küchentisch. Als echte Schwarzwälderin hat sie sich die Aufgabe gestellt, ein zeitgemäßes Cego-Blatt zu entwerfen, das gleichzeitig den Schwarzwald vorstellt. Mit dabei sind auch Wolf und Dachs. Einem Wolf bin ich bei meinen Streifzügen im Schwarzwald noch nicht begegnet, aber einem Dachs schon. In einer Nacht im Wald bei der Rückfahrt nach Alpersbach überquerte das graue Tier mit der markanten Blässe am Kopf gerade die Straße.

Einer, den die Cego-Leidenschaft auch gepackt hat, ist Martin Wangler. Als Fidelius Waldvogel zieht er im Sommer mit einem Bulldog und einem alten Forstwagen durch die Gegend, spielt Kabarett und singt Lieder. Sein »Wägeli« kann Wohnung sein, aber auch Wanderbühne. So fährt Waldvogel-Wangler zu »d Lütt«, unterhält sie, stößt Gedanken an und freut sich an deren Freude. Auch Ulrike Bruinings will Impulse geben, auch sie zieht mit einem »Wägeli« hinter ihrem Auto durch den Hochschwarzwald, auch sie singt Lieder, aber ihre Aufgabe ist dennoch eine ganz andere als die von Martin Wangler. Die evangelische Pfarrerin aus Hinterzarten betreut eine im Hochschwarzwald stark verstreute Gemeinde. Protestanten sind dort eher selten, die meisten, die noch einer christlichen Kirche angehören, sind katholischen Glaubens. 2019 haben die wenigen evangelischen Menschen in Hinterzarten, Titisee, Breitnau, Feldberg und Falkau ihr Gemeindezentrum verloren, da es verkauft werden musste. Jetzt kommen sie nicht mehr zu Ulrike Bruinings, sondern die Pfarrerin kommt zu ihnen. Mit ihrer Schäferwagenkirche mit einem Kreuz auf der Tür und einem Glockentürmchen auf dem Dach macht sie halt, wo Gläubige wohnen, und hofft, auch mit jenen ins Gespräch zu kommen, die Gott und der Kirche fernstehen.

Menschen zu einem Gespräch zu bewegen, die so ganz und gar andere Überzeugungen haben, braucht viel Geduld und große Begeisterung für das Ziel, das man verfolgt. Eine Erfahrung, die auch die Stromrebellen von Schönau gemacht haben. Dabei haben sie aber auch erlebt, was Menschen erreichen können, wenn sie zusammenhalten. Lange bevor in Deutschland über den Ausstieg aus der Atomenergie diskutiert wurde, hatte die Schwarzwälder Gemeinde diesen bereits für sich entschieden. Angefangen hat alles mit der Reaktorkatastrophe in Tschernobyl im April 1986. Das havarierte Kraftwerk liegt rund 2000 Kilometer vom Südschwarzwald entfernt, aber auch in Schönau wurde den Menschen empfohlen, keine Salate und kein Gemüse aus dem eigenen Garten zu ernten, alles könnte verstrahlt sein. In der kleinen Gemeinde mit knapp 2500 Einwohnern zwischen Feldberg und Belchen, mitten im Biosphärengebiet Südschwarzwald gelegen, schlossen sich Menschen zu einer Bürgerinitiative zusammen, da sie sich und ihre Kinder solchen Gefahren künftig nicht aussetzen wollten. Eines der Ziele der Initiative war, eine ökologische Stromversorgung zu schaffen. Mit dem regionalen Energieversorger kamen sie bei diesem Thema nicht weiter. Als dieser vier Jahre nach Tschernobyl der Gemeinde Schönau 100 000 Mark bot, wenn diese den Stromvertrag bei ihm frühzeitig um 20 Jahre verlängert, sammelten die Stromrebellen Geld. Sie wollten unter keinen Umständen, dass der bestehende Vertrag für die Stromlieferung auf so lange Zeit festgeschrieben würde und damit jede Veränderung auf lange Sicht unmöglich wäre. Als die Initiative 100 000 Mark zusammenhatte, bot sie diese Summe der Gemeinde. Einzige Bedingung, den Stromliefervertrag nicht vorzeitig zu verlängern. Der Gemeinderat entschied sich allerdings für die vorzeitige Vertragsverlängerung. Knapp zwar, aber dafür. Jetzt kam die Schwarzwälder Beharrlichkeit ins Spiel. Die Initiative »Energie in Bürgerhand« brachte einen Bürgerentscheid auf den Weg und gewann diesen im Oktober 1991. Auch knapp, aber der umstrittene Vertrag wurde nicht vorzeitig verlängert. Die

Stromrebellen hatten Zeit gewonnen für ihr Projekt, Strom aus erneuerbaren Energien in die Schönauer Haushalte zu liefern. 1994 gründeten sie die »Elektrizitätswerke Schönau«, erhielten im November 1995 vom Gemeinderat die Konzession, Strom zu liefern, mussten diese Ratsentscheidung aber bei einem erneuten Bürgerentscheid, den dieses Mal die Konkurrenz initiiert hatte, von den Bürgerinnen und Bürgern bestätigen lassen. Wieder war das Ergebnis knapp, aber 85 Prozent der Stimmberechtigten hatten ein Votum abgegeben. Das gab den neuen Stromversorgern in Schönau Rückenwind. In der Folge konnte die Rebellen nichts mehr aufhalten. Heute liefern sie Ökostrom deutschlandweit und betreiben auch außerhalb des Schwarzwalds einen Windpark.

So konsequent für seine Überzeugung einzutreten wie die Stromrebellen, braucht Mut. Eine Eigenschaft, die viele Schwarzwälder auszeichnet. Auch wenn es darum geht, ihr Recht zu verteidigen. Die Salpetersieder aus dem Hotzenwald sind mit diesem widerständigen Geist in die Geschichte eingegangen. 1727 rebellierten sie gegen die Klosterherren von St. Blasien, da diese ihnen das Recht auf bäuerliche Selbstverwaltung streitig machen wollten. Ein Recht, das eine Besonderheit im absolutistisch regierten Vorderösterreich war, zu welchem der Hotzenwald zu jener Zeit unter dem Namen »Grafschaft Hauenstein« gehörte. Der Widerstand der meisten Bauern brach aber zusammen, als Militär auf den Höfen einrückte. In der Folge kämpften die Bauern dann eher gegeneinander. Jene, die die alten Rechte bewahren wollten, gegen jene, die nach einer Verhandlungslösung suchten und sich wieder freikaufen wollten aus der Leibeigenschaft. Dass die Rebellen Salpeterer genannt wurden, lag an dem Beruf der Anführer. Diese verdienten ihr Geld, indem sie mühsam Salpeter von Wänden in Ställen und Wohnhäusern abkratzten oder aus dem Erdboden gewannen. Salpeter entsteht dort, wo Exkremente und Urin von Menschen und Tieren sich sammeln. Keine besonders feine Arbeit. Aber eine mit starken Rechten, da Salpeter für die Herstellung von Schwarzpulver gebraucht wird. Die Salpeterer zogen von Hof zu Hof, und jeder Bauer musste ihnen erlauben, dass sie alle salpeterhaltigen Teile mitnehmen durften. So hatten es die Landesherren verfügt. In ihren Werkstätten verkochten sie das salzhaltige Material mit Pottasche und schieden Kalisalpeter ab. Anfang des 19. Jahrhunderts wurde diese Arbeit allerdings bedeutungslos. In Chile wurden große Naturvorkommen von Natronsalpeter entdeckt. Der Name Salpeterer für die aufständischen Hotzenwälder blieb aber noch eine Weile erhalten. Es gefiel ihnen gar nicht, dass sie infolge des Wiener Kongresses und der Neuordnung Europas Vorderösterreich verlassen mussten. Das neue Großherzogtum Baden hatte einen protestantischen Herrscher, die Hotzenwälder waren aber überzeugte Katholiken, und überhaupt hingen sie treu am Haus Habsburg. Dieses Mal versuchten es die Hotzenwälder mit passivem Widerstand. Die Kinder durften nur zu katholischen Lehrern in die Schule, und wenn irgendwo ein Pfarrer dem Reformkatholizismus nahestand, blieb seine Kirche leer. Noch heute sagen manche den Hotzenwäldern eine gewisse Dickköpfigkeit nach, was ja nichts Schlechtes sein muss.

Dickköpfigkeit, Hartnäckigkeit, Zielstrebigkeit – Eigenschaften, die Menschen manches erreichen lassen, das ihnen nicht in die Wiege gelegt zu sein scheint. Georg Thoma aus Hinterzarten hat bestimmt nicht daran gedacht, einmal Olympiasieger und Weltmeister in der Nordischen Kombination zu werden, als er Ziegen und Kühe auf dem Wunderlehof hütete. Dort lebte er im Sommer als Hirtenbub. In den Schwarzwälder Familien, die oft mehrere Kinder hatten, war es durchaus üblich, die Buben im Sommer als Arbeitskräfte auf die Bauernhöfe der Umgebung zu schicken. Zur Schule gingen sie dennoch, aber da der Ortsschulrat die Ferienzeiten festsetzen durfte, legte er sie immer dann, wenn besonders viel Arbeit anfiel. Im August zum Heumachen und im Oktober zur Kartoffelernte. Im Sommer waren die Kinder barfuß unterwegs, im Winter auf zwei Brettern. Georg Thoma hatte Spaß am Schanzenbauen. So ist er quasi auf den Schwarzwaldwiesen in seine Karriere als Wintersportler hineingesprungen. Erst mit 15 oder 16 Jahren erhielt Georg Thoma die erste Betreuung von einem Trainer, im Alter von 22 Jahren gewann der Schwarzwälder Gold bei den Olympischen Winterspielen im kalifornischen Squaw Valley. Der Postbote aus Hinterzarten hatte sich gegen die skandinavische Konkurrenz durchgesetzt.

Sowenig sich Georg Thoma seine Wintersportkarriere als Hirtenbub vorstellen konnte, so wenig wäre er damals sicherlich auf die Idee gekommen, dass eine Kuh mal als Fotomodell in Szene gesetzt würde. Sebastian Wehrle aus Freiamt, einst Meister im Kachelofenbau und heute Meister-Fotograf, holt Sandy, Eireen, Flora, und wie sie alle heißen, aus den Ställen und macht sie fürs Foto fein. Ruhige, geduldige Kühe braucht es für das Projekt, doch auch dann ist nicht sicher, dass am Ende eines Shooting-Tags brauchbare Fotos entstanden sind. Das Bürsten gefällt den Kühen meistens zwar noch ganz gut, aber der Blumenschmuck, den sie für die Fotos tragen sollen, mögen die wenigsten. Es sei ein bisschen unberechenbar, spontan, wie beim Jazz, wenn man mit den Kühen arbeite. Kaum zu glauben, wenn man Alma aus dem Glottertal oder Regina aus dem Brigachtal in die Augen schaut.

Da ist die Arbeit mit den Frauen und Männern aus Wehrles Trachtenserie schon einfacher. Sie bleiben ruhig in der Maske sitzen, bis sie fertig geschminkt sind und meckern auch nicht an der Tracht herum, die sie tragen sollen. 120 Schwarzwälder Trachten hat Sebastian Wehrle in den vergangenen Jahren fotografiert, und einige seiner Bilder haben stark polarisiert. Nicht jedem gefällt, dass der Fotograf Frauen mit tätowierter Haut oder Piercings im Gesicht Tracht und Bollenhut tragen lässt. Während die einen hierin den weltoffenen, bunten Schwarzwald sehen, halten es andere für unvereinbar mit der Tradition, dass Menschen mit Tätowierungen, Piercings oder unterschiedlichen Hautfarben eine der Schwarzwälder Trachten tragen. Und sei es nur für ein Foto. Dabei ist Sebastian Wehrle ein echter Schwarzwälder, der mit großem Respekt vor der Tradition seine Fotografien gestaltet.

Wehrle ist auf drei Bauernhöfen in Simonswald aufgewachsen. In welchem Schwarzwalddorf Fräulein Betty BBQ ihre Kindheit verbracht hat, wissen nur ganz wenige Menschen. Die Dragqueen aus Freiburg, Kennzeichen roter Bollenhut, hält ihre Identität geheim. Aber so viel darf man wissen: Es war keine einfache Kindheit im Schwarzwald. Erst in Freiburg, in der Stadt, habe sie sich selbst gefunden. Über ihre Kunstfigur hat sich Betty BBQ ihre Heimat zurückerobert, nachdem sie als Kind in den Vereinen, in denen Heimat vor allem gelebt wird, nicht wirklich mitmachen durfte. Doch zum Glück gibt es die Fasnet. In der ist einfach alles möglich, auch dass ein Junge oder junger Mann Frauenkleider trägt. Dass die Dragqueen ihren Weg gefunden und sich nicht verloren hat, das hat wieder etwas mit der Beharrlichkeit der Schwarzwälder zu tun. Und es basiert auf Bettys Liebe zur Heimat, auch wenn die Menschen nicht immer sehr freundlich zu ihr waren oder sind. Heute führt sie ein Unternehmen mit fast einem Dutzend Mitarbeiterinnen und Mitarbeitern. In den Jahren 2020 und 2021, als Freiburg seinen 900. Stadtgeburtstag feierte, war Betty eine von neun Jubiläumsbotschafterinnen und -botschaftern der Stadt. Um »Fremdi« den Schwarzwald und seine Metropole Freiburg näherzubringen, führt Fräulein Betty gerne durch die Universitätsstadt. Aber Vorsicht. Nicht einfach nach einer Stadtführerin mit rotem Bollenhut suchen. Da könnte man auch aufs »Bärbele« stoßen, aber das wäre dann ein ganz anderer Stadtrundgang. Auch schön, aber eben ganz anders als mit

Betty. Damit alle Gäste sie verstehen, führt die Schwarzwälder Dragqueen auf Hochdeutsch, auch wenn Alemannisch die Muttersprache der ewig 28-Jährigen ist.

Wer Alemannisch »schwätze cha«, wird im Dreiländereck überall verstanden, im Schwarzwald genauso wie im Elsass oder in der Nordwestschweiz, sogar in Vorarlberg und in Liechtenstein. Aber nicht jeder »cha dört no Alemannisch schwätze«. Im Elsass sprechen fast nur noch ältere Menschen auf den Dörfern den Dialekt. Dadurch bleibt er fast unverändert. In der Schweiz dagegen, wo Schwyzerdütsch Alltagssprache ist, verändert sich die Mundart laufend. In Social Media werden immer wieder neue Begriffe kreiert wie »snööbe« für »Snowboard fahren« oder »tschätte« für »chatten«. Ich höre unglaublich gern Schweizer Radiosender, auch wenn ich nicht immer alles verstehe. Die Musik der Sprache macht gute Laune. Das badische Alemannisch ist die am weitesten ausdifferenzierte Sprachform. Da gibt es nicht nur große regionale Unterschiede, die Schwarzwälder Alemannen haben auch die meisten Zwischenstufen zwischen der Mundart und der deutschen Standardsprache. Obwohl der Wortschatz der Varianten des Alemannischen sehr ähnlich ist, kann man doch unterscheiden, ob ein Elsässer, ein Schweizer oder ein Schwarzwälder spricht. Die Betonung ist eine andere. Jeder der Dialekte lehnt sich bei der Intonation an seine Dachsprache an, also an Französisch, an Schweizerdeutsch und an die deutsche Standardsprache. Und dennoch verstehen sich alle. Der Dialekt schafft Heimat und eine Identität, die sich nicht an politischen Grenzen orientiert.

»Alemannisch schwätze« bedeutet nicht, einfach jedes »K« am Wortanfang als »ch« auszusprechen, also »Chind« statt »Kind«, »Chälbli« statt »Kälbchen« oder »Chäs-Chuchi« statt »Käseküche« zu sagen. So sprechen nur die Hochalemannen, die Niederalemannen wie die Schweizer in Basel-Stadt sprechen das »k« als »k«. Das sind sprachwissenschaftliche

Feinheiten. Die Besonderheit des Alemannischen liegt für mich in ihren Worten, die »ma nit immer glych ganz verstoht«. Aber dafür gibt es Wörterbücher, gedruckt und digital im Netz. Und es gibt die Muettersproch-Gsellschaft. Die Mitglieder lassen sich viel einfallen, um das Alemannische lebendig zu erhalten. Mit einem Aufkleber hat es der Verein 1975 nach schwierigen Anfangsjahren geschafft, in der breiten Öffentlichkeit wahrgenommen zu werden. »Bi uns cha me au Alemannisch schwätze« ist zigtausend Mal an Haustüren, Laternenpfähle und Gastwirtschaften geklebt worden und gehört noch immer zum Angebot im »Kauflade« der Muettersproch-Gesellschaft. »Ich cha nit Alemannisch schwätze«, aber ich bin mit einem badischen Dialekt aufgewachsen, der einige Wörter gleich hatte wie das Alemannische – und auch einige grammatikalische Besonderheiten. Zum Beispiel, dass wir »der Butter« statt »die Butter« sagten. »Stoffel« für einen ungehobelten Menschen kannte ich ebenso wie »Hag« für Gartenzaun oder «wunderfitzig« für neugierig oder «rumfuchtle« für gestikulieren. Von einem »Muggeseggele« hatte ich vor meiner Zeit in Freiburg allerdings noch nichts gehört. Das ist auch etwas ganz, ganz Kleines, also wenn man nur ganz, ganz wenig von etwas möchte oder nur ganz, ganz wenig Zeit hat. Um diese Winzigkeit zu betonen, nimmt man im Alemannischen das Geschlechtsorgan der männlichen Stubenfliege als Maßstab. Wenn es ein wenig mehr, aber immer noch nicht viel sein darf, ist es »e weng« oder »e bitzeli«. Beim Wandern sitze ich gerne mal auf einem »Verschnufbänkli«. Wenn dann noch »e Hitz isch, dass d Schnegge belle«, geht es mir so richtig gut.

»Wenn unser Mundart erhalte blibe soll, müesse mr bi de Kinder afange«, ist sich die Muettersproch-Gsellschaft in Freiburg sicher. Sie bietet Schulen an, amit einheimische Künstler in den Unterricht kommen, um den Kindern auf Alemannisch zu erzählen oder mit ihnen in der Mundart zu singen. Ein eher traditioneller Weg, um Werbung für die Heimatsprache zu machen. Doch die Muettersproch-Gsellschaft hat auch keine Scheu, neue Kommunikationsmittel einzusetzen. Sie hat ihren eigenen YouTube-Kanal und einen Podcast, mit dem man Alemannisch lernen kann. In den Sozialen Medien ist sie ebenso vertreten. Beim ersten Poetry-Slam auf Alemannisch »Wie d Schnure gwachse isch« in Bernau traten 2022 sieben junge Slam-Poeten zwischen 14 und 34 Jahren an. Die Resonanz war so groß, dass dies nicht der letzte gewesen sein soll.

UM DEN WALD HERUM

Wenn am Schluchsee langsam der letzte Schnee in der Frühlingssonne schmilzt, es am Feldberg vielleicht noch mal schnell ein paar Zentimeter Neuschnee für einen Tag hinweht, dann ist die Zeit fürs Eggener Tal gekommen, denn dann ist auch dort alles weiß. Am Fuß des Hochblauen stehen die Kirschbäume in voller Blüte. Mal Anfang, mal Mitte, mal Ende April. Es ist still in diesem kleinen Tal im Markgräflerland, in dem es keinen Durchgangsverkehr und keine Industrie gibt. Hier und da mal ein Traktorengeräusch, sonst nur Vogelzwitschern oder mal Hundegebell. So nah am Wald und doch so anders. In dieser Gegend westlich und südlich des Schwarzwalds fühle ich mich so zu Hause wie im Mittelgebirge selbst.

Das ging den Römern vor rund 2000 Jahren nicht anders. Wobei diese die damals wilde »silva nigra« eher mieden. Sie genossen mehr die warmen Thermalquellen am Oberrhein, die schon die Kelten genutzt, aber nicht zu solchen Prachtbädern ausgebaut hatten, wie wir sie heute noch in der überdachten Römerbadruine in Badenweiler sehen können. Sie soll eine der am besten erhaltenen Thermen nördlich der Alpen sein. Schon das erste Badgebäude bauten die Römer groß, mit Glasfenstern nach Süden und Malereien an den Wänden. Danach folgten mehrere Bauabschnitte, Archäologen gehen von sieben aus. Die badefreudigen Römer ergänzten Umkleiden, Schwitzräume, Kaltwasserbecken zum Abkühlen, im Außenbereich Terrassen und im Innenbereich beheizbare Räume zum Ausruhen sowie einen repräsentativen Empfangsraum. Davor ein überdachter Vorplatz. Wenn ich in der Ruine stehe und versuche, mir die Badekultur vor 2000 Jahren vorzustellen, bin ich immer wieder von Neuem erstaunt, wie ähnlich das der heutigen Thermalbadekultur und dem modernen Saunabetrieb ist, auch wenn im 21. Jahrhundert eine ganz andere Technik im Hintergrund des Vergnügens steht. Das Grundprinzip ist doch sehr ähnlich.

Knapp 300 Jahre blieben die Römer am Oberrhein, bevor sie den Alemannen wichen, die aus dem Nordosten des heutigen Deutschlands hereindrängten. Die warmen Quellen blieben über Hunderte von Jahren ungenutzt, die Badeanlage der Römer verfiel zusehends. Irgendwann wusste niemand mehr, was diese Überreste darstellen sollten. Die Menschen des Mittelalters nutzten die ordentlich behauenen Steine aus der Badruine für den Bau ihrer eigenen Häuser in Badenweiler und für den Bau ihrer Burg. Was übrig geblieben war, ließ der badische Markgraf Karl Friedrich Ende des 18. Jahrhunderts freilegen und sichern. Diese erste Sicherung hielt nicht lange, ein Sturm deckte das Dach ab. Das neue Dach war dann so niedrig, dass nur kleinwüchsige Menschen aufrecht die Anlage besichtigen konnten. Als der Schwarzwald in den 50er-Jahren des 20. Jahrhunderts immer mehr Touristen anzog und auch Badenweiler als Kurbad Karriere machte, präsentierte die Stadt die antike Badeanlage ansprechender. Seit 2001 wölbt sich ein imposantes Glasdach über die Ruine. Dank der Erklärtexte findet sich auch der historische Laie ganz gut zurecht. Badenweilers große Tage als Kurort gehören vermutlich der Vergangenheit an, manches Hotel ist arg in die Jahre gekommen. Und doch strahlt das Städtchen immer noch Noblesse und Weltläufigkeit aus. So ein bisschen Baden-Baden im Südschwarzwald. Kurtourismus ist eigentlich nicht mein Ding, aber hier zwischen Schwarzwald und Rheinebene mache ich schon mal eine Ausnahme. Am Abend nach einem Saunatag in der Cassiopeia-Therme im Strömungskanal des Außenbeckens zu treiben, mal an der römischen Badruine vorbei, mal mit Blick auf den Hochblauen, das hat was. Zufriedenheit und ein Gefühl von Glück. Etwas, das ich auch spüre, wenn ich rund 200 Meter höher vor Schloss Bürgeln stehe. Der Blick von dort oben über die Vorbergzone, das Rheintal, hinüber zu den Vogesen ist schon sehr herrschaftlich. Im Abendlicht eines klaren, kalten Wintertags können sich manchmal sogar Eiger, Jungfrau und Mönch am Horizont erheben. Und doch war es keine adelige Herrscherfamilie, die das schlichte, klare Gebäude auf dem Berg erbauen ließ.

Die Kelten waren nachweislich die ersten, die den Berg als besonderen Ort wahrnahmen. Sie bauten eine Opferstätte und zogen sich dorthin zurück, wenn feindliche Belagerungen drohten. Die ersten Missionare, die in den Schwarzwald zogen, haben vermutlich eine kleine Kapelle an derselben Stelle errichtet. Im Mittelalter um 1100 lebte Ritter Werner von Kaltenbach mit seiner Familie auf dem Berg. Die beiden Söhne entschlossen sich – damals durchaus standesgemäß –, als Mönche ins Benediktinerkloster nach St. Blasien zu gehen. Die beiden Töchter Werners blieben lange unverheiratet und wuchsen schließlich aus dem heiratsfähigen Alter heraus. Das bedeutete für den Vater Zukunftssorgen. Wer sollte ihn, seine Frau und die Töchter im Alter versorgen? Die Lösung lag nahe. Der Ritter schenkte seinen Besitz dem Kloster St. Blasien mit der Auflage, dass Bürgeln eine Propstei werde, also so etwas wie ein Filialbetrieb des Klosters, in dem sechs bis acht Mönche leben sollten. Die ersten Pröpste waren dann auch die Kaltenbachs. Ihre Aufgabe war es unter anderem, den Besitz der Benediktiner von St. Blasien zwischen Lörrach und dem Kaiserstuhl zu verwalten. Als das Gebäude in die Jahre kam, ließ es Fürstabt Meinrad Troger abreißen und ein neues Haus im frühklassizistischen Stil aufbauen. Die Fassade sollte möglichst schlicht sein, da die Dörfer rund um

Bürgeln alle protestantisch waren und nicht durch üppigen Schmuck an einem katholischen Gebäude provoziert werden sollten. Der kleine Balkon im Obergeschoss und die kunstvollen Schmiedearbeiten sind erst sehr viel später angebracht worden. Im Innern verordnete sich Meinrad nicht ganz so viel Bescheidenheit. Decken und Wände sind ganz im Stil des Rokokos verziert. Die unzähligen Fenster bringen Licht in jeden Winkel des Hauses. Die Benediktiner von St. Blasien, ab 1764 unter der Leitung von Fürstabt Martin Gerbert, jener, der in Rothaus den Grundstein fürs Tannenzäpfle legte, hatten nur gut 40 Jahre Freude an ihrem Neubau. 1806 fiel Bürgeln im Zuge der Säkularisation an das Großherzogtum Baden. Großherzog Karl Friedrich hatte wenig Interesse an dem Besitz und verkaufte ihn wenige Jahre später an den Landwirt Andreas Bromberger. Dessen Schwiegersöhne erkannten die ideale Lage für einen Ausflugsort und richteten in den Räumen der Propstei eine Wirtschaft mit Gästezimmern ein. Das Geschäft florierte fast 100 Jahre lang bestens, sicher begünstigt durch die Nähe zu Badenweiler, wo sich Jahr für Jahr Adel und wohlhabende Bürger zur Sommerfrische trafen. In jener Zeit wurde Bürgeln zum Schloss. Einer der Wirte fand, ein Schloss Bürgeln sei doch deutlich ansprechender als eine Propstei Bürgeln. Also reines Marketing und keine Residenz adeliger Herrscher.

Die Wirte hatten wohl mehr auf ihren Umsatz geachtet als auf den Zustand des Gebäudes. Als der Letzte von ihnen 1912 den Zapfhahn zudrehte, war vor allem das Dach reparaturbedürftig. Dennoch sah Elisabeth Baronin von Gleichenstein in dem Gebäude das ideale Wohnhaus für ihren Sohn und dessen Familie. Damit war Schloss Bürgeln privat, die Öffentlichkeit musste draußen bleiben. So gemütlich scheint es in dem Gemäuer dann doch nicht gewesen zu sein, denn die Gleichensteins bauten einen Ostflügel an, in dem sie wohnten, die übrigen Räume überließen sie sich selbst. 1920 stand das Schloss erneut zum Verkauf, der Familie von Gleichenstein wurde ihr Wohnhaus zu teuer. Ein Sturm hatte das Dach endgültig ruiniert, das eindringende Wasser hatte Stuckdecken und Parkettböden aufgeweicht. Tatsächlich gab es einen Interessenten, doch die Gemeinden und Bürger im Markgräflerland wollten das Schloss wieder für die Öffentlichkeit zurückgewinnen. Sie schlossen sich im Bürgeln-Bund zusammen und sammelten landauf, landab Geld, um das Gebäude zu erwerben. Das funktionierte. Die Bürgeln-Freunde konnten den Privatverkauf abwenden und waren nun Schlossbesitzer. Und das sind sie bis heute, getragen von großem ehrenamtlichem Engagement bei Schlossführungen und Gartenarbeiten. Eine der Engagierten ist Friedericke Völker. Als ich sie kennenlerne, bin ich völlig außer Atem. Fünf vor zwölf war ich unten am Parkplatz aus dem Auto gestiegen. Um zwölf Uhr sollte die Schlossführung oben auf dem Berg beginnen. Ich musste mich beeilen. Geschafft. Als ich ins Schloss reinstürmen wollte, hielt mich Friedericke Völker auf. Sie wartete schon draußen vor dem Portal auf Gäste. Aber außer mir war an diesem Tag für die Mittagsführung niemand gekommen. Was sollte ich dazu sagen? Nicht viel, ich war immer noch außer Atem. Friedericke Völker lud mich mit ihrem strahlenden Lächeln zu einer exklusiven Einzelführung ein. Mit großer Begeisterung zeigte sie mir die Räumlichkeiten, die mal Propstei, mal Kneipe und mal Wohnhaus gewesen waren. Die Frau, die »schnacken« statt »schwätzen« sagt, ist eindeutig nicht im Südschwarzwald aufgewachsen, aber sie liebt »ihr« Bürgeln. Friedericke Völker erzählte mir auch, wie der Bürgeln-Bund es geschafft hat, dass das Dach und auch alles andere Marode am Schloss repariert wurde, obwohl nach dem Kauf des Gebäudes kein Geld mehr in der Kasse war.

Die Bürgeln-Freunde suchten einfach einen Sponsor. Und sie fanden einen. Richard Sichler, Generaldirektor der Lingner-Werke in Dresden, die unter anderem das Mundwasser

Odol auf den Markt gebracht hatten. Dieser Mann war so wagemutig, die Bauruine zu pachten, denn der Bürgeln-Bund wollte unter keinen Umständen verkaufen, und ließ sich auch darauf ein, das Schloss nach der Renovierung an mehreren Tagen in der Woche für die Öffentlichkeit zu öffnen. Nicht seine Privatzimmer, aber die rekonstruierten Schlossräume. Vermutlich hätten die Besucher nicht schlecht gestaunt, wenn sie Sichlers Bad gesehen hätten. Es ist eine Nachbildung jener Bäder, in denen damals die Gäste im Hotel Adlon in Berlin duschten und badeten. Vor allem die Dusche mit den Seitendüsen hätte den Besuchern im Schloss vermutlich die Sprache verschlagen. Es war vor 100 Jahren auch nicht einfach, den schwarz-weißen Marmor aus Italien zu bekommen, wie auch vieles andere Baumaterial. In Deutschland waren die Auswirkungen des verlorenen Weltkriegs noch deutlich zu spüren.

Bevor die Bauarbeiter ans Werk gehen konnten, mussten sie auch wissen, was sie eigentlich machen sollten. Vom Schloss waren keine Pläne vorhanden. Die Zeit als Gasthaus hatte die Propstei gründlich verändert, Wind und Wetter hatten wegen des kaputten Dachs vieles zerstört. Nur in einem einzigen kleinen Raum steht man heute noch auf dem ursprünglichen Parkettboden und blickt zur originalen Stuckdecke hoch. Alle anderen Räume wurden mühsam rekonstruiert nach dem, was man vor 100 Jahren über die Zeit des Rokokos wusste und nach dem Motto: »So könnte es gewesen sein.« Gleichzeitig sorgte Richard Sichler nicht nur im Bad für Annehmlichkeiten. Er ließ auch eine Zentralheizung einbauen. Die Kachelöfen, die in jedem Zimmer stehen, sind eher symbolisch zu verstehen. Zur Zeit der Propstei war vermutlich nur das Arbeitszimmer des Fürstabtes beheizt, alle anderen Räume eher nicht. Möbel und Porzellan, die heute zu sehen sind, sind auch nicht mehr unbedingt die, welche Richard Sichler angeschafft hat. Nach seinem Tod 1952 geriet die Witwe Sichler in Finanznot und musste viele Möbel und Kunstgegenstände verkaufen. Auf Bürgeln fand eine große Auktion statt. Das Haus allerdings konnte sie nicht veräußern, das war ja nur gepachtet. Der Bürgeln-Bund übernahm ab dieser Zeit die Verwaltung des Schlosses. Porzellan und Möbel kauften die Mitglieder bei Auktionen oder anderen Gelegenheiten oder bekamen diese geschenkt. Das ein oder andere Stück fanden die Bürgeln-Freunde bei eBay.

Durch die zahlreichen Veränderungen auf Bürgeln steht dort nichts unter Denkmalschutz, nicht einmal die Uhren, die im Obergeschoss in die Decke eingelassen sind, statt an der Wand zu hängen. Das gibt dem Verein die Möglichkeit, neue Ideen umzusetzen, die sonst vielleicht nur schwer zu verwirklichen wären. So haben die Schlossfreunde im Ostflügel einen Veranstaltungsraum mit modernem Wirtschaftstrakt für Familienfeste und andere Veranstaltungen eingerichtet. Brautpaare nutzen das Ambiente sehr gerne für ihren großen Tag. Wenn sie wollen, können sie sich in der Schlosskapelle trauen lassen. Als Simultankirche steht sie Katholiken und Protestanten gleichermaßen offen. Doch immer weniger Paare lassen sich kirchlich trauen, und immer weniger Eltern lassen ihre Kinder taufen. Zurzeit Richard Silchers war das noch anders. Deshalb hat die Kapelle einen Eingang von außen bekommen, damit nicht immer alle, die zum heiligen Johannes wollten, durch Silchers Hauseingang mussten. Diesen hatte er mit Kunstschmiedearbeiten reich verzieren lassen, die sich auch am Balkon im Obergeschoss finden. Dieser Balkon ist ebenfalls neueren Datums. Von dort aus konnte Richard Sichler auf den Schlosshof schauen, in dessen Boden sein Monogramm eingelassen ist. Zum Abschluss der Renovierungsarbeiten im Jahr 1926 lud der Schlossherr zu einem viertägigen Bürgerfest.

Die Menschen im Eggener Tal hatten ihr Bürgeln zurück. Die kleinen Dörfer Niedereggenen, Obereggenen und

Schallsingen sehen heute noch fast so aus wie vor 100 Jahren. Neubaugebiete werden in dem kleinen abgeschlossenen Tal zu Füßen des Hochblauen nur sehr zurückhaltend ausgewiesen. Besonders gern genieße ich diese Ruhe im Frühling, wobei es da vielleicht sogar am unruhigsten in dem uralten Tal ist. Im Frühling blühen dort unzählige Kirschbäume. In den Tagen der Vollblüte, die meist Mitte April liegt, wuseln jede Menge Menschen unter den Bäumen durch oder lassen sich von der rot skizzierten Doppelkirsche mit dem charakteristischen Kirschblatt auf einem Rundwanderweg leiten, um von oben auf das dann weiße Tal hinunterzuschauen. Obwohl ich ab Mitte März regelmäßig das Blütentelefon des Eggener Tals abhöre, habe ich immer mal wieder die Vollblüte verpasst, mal abgesehen davon, dass es 2021 wetterbedingt gar nicht zur vollen Blüte kam. Aber auch nach der Kirschblüte ist es in dem Tal, das seit dem Ende der Eiszeit seine Form erhalten hat, schön. Eine Handvoll Bauern bewirtschaftet heute noch die Felder und Wiesen, in der Regel im Nebenerwerb. Aus den Früchten der Obstbäume – im Eggener Tal gibt es nicht nur Kirschen – lassen sie Saft pressen oder Schnaps brennen. Da die Schwarzwälder vom milden Klima des Oberrheintals nur träumen können, müssen sie ihr Kirschwasser von dort »importieren«. Auf den Bergen blüht alles viel später und wird oft nicht so reif wie weiter unten im Tal. Dennoch pflegen die Schwarzwälderinnen liebevoll ihre Bauerngärten, in denen in abgeteilten Feldern Gemüse, Salat und Kräuter wachsen, aber auch Blumen. Stockrosen, Sonnenhut, Hortensien, Dahlien. Ein Zaun schützt die Schätze vor gefräßigen Tieren, abgesehen von Schnecken. Überall neben den Bauernhöfen leuchten die Blumen in den Gärten, aber nicht jedem Touristen ist klar, dass dies Privatgelände ist. Wer sich die Struktur und die Pflanzen eines Bauerngartens genauer ansehen möchte, sollte in das Freilichtmuseum Vogtsbauernhof gehen.

Ausgerechnet die Diva unter den Blumen trotzt dem kühlen Klima auf den Schwarzwaldhöhen. Nicht ganz oben, aber immerhin auf 720 Metern. Auf einer sonnigen Fläche, 70 Kilometer südlich von Freiburg, liegt das Dorf Nöggenschwiel. Rund 20 000 Rosenstöcke blühen Jahr für Jahr dort oben. Natürlich nicht so früh wie in den Gärten rund ums Landhaus Ettenbühl bei Bad Bellingen-Hertingen, aber immerhin kommen Hunderte von Sorten mit dem Schwarzwaldklima klar. Ende Mai, wenn in Ettenbühl die Rambler auf Dächern, an Wänden und in Rankgerüsten schon voller Blüten hängen und viele Sorten ihren Duft verströmen, sind die Rosenanlagen in Nöggenschwiel noch ziemlich kahl, zumindest was die Blüten angeht. Diese entfalten sich erst im Juli so richtig, und dann wird auch gleich ausgiebig gefeiert. Beim Festumzug ziehen rund dreißig Trachten- und Brauchtumsgruppen mit ihren Kapellen durchs Dorf, begleitet von Rosenkönigin und Rosenprinzessin. Um die Rosen im Tal wird bei Weitem nicht so viel Aufhebens gemacht, obwohl in den vergangenen 30 Jahren dort viele neue Schönheiten zur Entfaltung kamen.

Als wir vor Jahrzehnten unseren Mini-Reihenhausgarten anlegten, sollte das ein reiner Blumengarten werden. Wir wären dafür bestimmt nicht in den Südschwarzwald gefahren, hätte uns nicht die Mutter einer Freundin einen Tipp gegeben. Wir sollten zur »Gräfin« nach Laufen fahren. Deren Iris passten zu unseren Gartenplänen. Gut, Laufen liegt nicht wirklich im Schwarzwald, aber am Fuß und von den Blumenfeldern der »Gräfin Zeppelin« haben die Gartenfreunde einen unverstellten Blick aufs Gebirge. Das hat sich herumgesprochen. Nicht nur die Lage, auch die Besonderheit der Blüten. Zwischen den Blumenbeeten kann man erfahren, was es bedeutet, im Dreiländereck Deutschland, Schweiz und Frankreich zu leben, vor allem kann man es hören. In unserem Garten blühen seit damals tiefblaue Iris, weiße Rosen und meine absoluten Lieblinge, weiße Pfingstrosen, die Ende Mai und Anfang

Juni einen so wunderbaren Duft verströmen, dass ich es ihnen verzeihen kann, dass sie nicht wie unsere Rosen bis in den November hinein blühen.

Diese blühenden Landschaften gehören für mich zum Südschwarzwald, auch wenn sie geografisch nicht mehr im Gebirge liegen. Für einen kleinen Ausflug möchte ich mit Ihnen das Gebirge noch weiter zurücklassen. Wir tauchen in eine uralte Landschaft ein. Nicht im wörtlichen Sinn, denn das wäre verboten. Das Naturschutzgebiert Taubergießen, zwischen dem Rhein im Westen und den Gemeinden Kappel-Grafenhausen, Rust und Rheinhausen im Osten gelegen, holt uns zurück in eine Zeit, in welcher der Rhein noch nicht begradigt war, sondern mäandernd durch die Oberrheinebene floss. Zwei bis drei Kilometer war die Rheinlandschaft zwischen Basel und Rastatt mit ihren unzähligen Flussarmen und kleinen Inselchen damals breit. Diese Landschaft blieb aber nicht gleich. Der Fluss suchte sich immer wieder neue Wege. Zeitweise floss er sogar östlich des Kaiserstuhls entlang, wo heute die Autobahn 5 liegt. Damit veränderte sich auch die Grenze zwischen dem damaligen Großherzogtum Baden und Frankreich ständig und musste häufig neu vermessen werden. Im Zeichen Europas arbeiten heute die Länder grenzübergreifend zusammen. 60 Prozent der knapp 17 Quadratkilometer großen Fläche des Taubergießen gehören der französischen Gemeinde Rhinau. Das gesamte Gebiet steht seit 1979 unter Naturschutz, ist Teil des europäischen Schutzprogramms Natura 2000 und gehört wegen seiner internationalen Bedeutung als Feuchtgebiet zum grenzüberschreitenden Ramsar-Schutzgebiet Oberrhein. Die Rheinbegradigung, die Johann Gottfried Tulla im 19. Jahrhundert plante und begann, machte aus dem mäandernden Rhein einen zuverlässigen Verkehrsweg, 81 Kilometer kürzer als zuvor und mit höherer Fließgeschwindigkeit. Geblieben sind Altrheinarme und Auenwälder. Aber nur wenige. Da sich mit dem schnelleren

Abfluss des Rheinwassers der Grundwasserspiegel senkte, versteppte die Gegend. Viele Tier- und Pflanzenarten, vor allem Fische, verschwanden. Das Taubergießen dagegen blieb und wurde zur Heimat zahlreicher bedrohter Arten. Einigen begegnet man bei einer Wanderung, aber wirklich eintauchen in die Landschaft kann man am besten bei einer Bootsfahrt in einem der alten Fischerkähne aus Holz. Hinten steht der Bootsführer und schiebt den Kahn mit einer langen Holzstange ruhig durchs leicht fließende Gewässer. Wir gingen im Frühling aufs Wasser und zogen an den Nisthöhlen der Eisvögel vorbei. Libellen umschwirrten uns. Eine setzte sich auf meinen Handrücken, als ich versuchte, das Handy für ein Foto ruhig zu halten. Diese hauchzarten blauen Flügel, der kleine Kopf, der sich mir zuwandte, die dünnen behaarten Beinchen. Ich konnte mein Glück kaum fassen. Das Foto war völlig unwichtig geworden. In diesem Moment war ich nur bei dem kleinen wunderschönen Gast auf meiner Hand. Wir erschraken beide sehr, als ein Schwan heftig zu schimpfen anfing, weil er befürchtete, dass unser Boot seinem Nest mit den Jungen zu nahe kommen könnte. Doch das würde ein Bootsführer nie machen. Stoisch steht er im Boot und gibt leise Hinweise, wo ein Biber gerade ins Wasser geht, wo Vögel nisten, wo eine seltene Pflanze wächst. Da gibt es keine heftigen Bewegungen, keine lauten Worte. Auch wir saßen ganz ruhig auf den Holzbrettern, die unser »Kapitän« vor der Fahrt als Sitze eingesteckt hatte. Abgesehen von der Faszination für die Natur, die uns gepackt hatte, wollten wir ja auch nicht kentern. Unglaublich, wie still es bei Rust sein kann. Jenem Rust, über dem jedes Jahr Millionen Menschen ängstliche oder freudige Schreie ausstoßen, wenn sie eine der sensationellen Achterbahnen im Europapark hinabrasen. Zwei so grundlegend verschiedene Welten so dicht beieinander. Allerdings kann es auch im Europapark leise sein. In dem Panoramaring, der den Euro-Tower hochzieht, habe ich noch selten Geschrei gehört. In 75 Meter Höhe dreht sich dieser gläserne Ring. Immer wenn ich von hier aus Richtung Osten, zum Südschwarzwald hinschaue, erwacht wieder die Sehnsucht, bald durch die Wälder und über die Wiesen zu den Seen und Wasserfällen zu ziehen.

Zitate

»Wald und Wälder«

Schmid, Wilhelm. *Heimat Finden. Vom Leben in einer ungewissen Welt*. Frankfurt am Main: Suhrkamp, 2022. S. 79

»Kunst und Architektur«

Stefan Strumbel. *What The Fuck Is Heimat*. Typo Part II (Werktitel). (https://www.stefanstrumbel.de/what-the-fuck-is-heimat/) [28.6.2023]

Stefan Strumbel. *Verstehen ist das Gefühl von Heimat* (Werktitel). Cortenstahl, Höhe: 15 Meter, Fundament: 10 × 15 Meter, 2016. (https://www.hochschwarzwald.de/attraktionen/tannenzapfen-kunstwerk-in-rothaus-verstehen-ist-das-gefuehl-von-heimat-7e94f3ca56) [28.6.2023]

Hat Ihnen dieses Buch gefallen?
Dann empfehlen Sie es bitte weiter.
Mehr über den 8 grad verlag finden Sie
auf www.8gradverlag.de
und in unserem Newsletter.

© privat

Cornelia Tomaschko ist Reisebuchautorin und überzeugt, dass ein Mensch mehr als eine Heimat haben kann. Ihre Herzensheimat ist der Südschwarzwald. Dort im Süden sind die Orte und Menschen, die ihr guttun und immer wieder neue Perspektiven eröffnen.

© Dirk Brzoska

Franziska Neubert, geboren 1977, studierte an der Hochschule für Grafik und Buchkunst in Leipzig und an der École Nationale Supérieure des Arts Décoratifs, Paris. Ihre Arbeiten werden regelmäßig im In- und Ausland gezeigt und wurden mehrfach ausgezeichnet. Franziska Neubert lebt mit ihrer Familie in Leipzig.

Wir setzen auf nachhaltige Produktion. Unseren wertvollen Rohstoff Papier beziehen wir aus verantwortungsvoller Waldwirtschaft, dokumentiert mit dem nachstehenden FSC®-Logo.

FSC
www.fsc.org
MIX
Papier | Fördert gute Waldnutzung
FSC® C111446

1. Auflage 2023

Sonnhalde 73 | 79104 Freiburg

ORTE: 02
Herausgegeben von Victoria Salley

Umschlagmotiv und Illustrationen:
Franziska Neubert, Leipzig
Layout und Satz: Julie August, Buenos Aires / München
Lektorat: Stephan Thomas, München
Korrektorat: Marion Voigt, Zirndorf

Gesetzt aus der Caslon und der Brown
Papier: Munken Print cream 90 g/m^2 1,5-fach
Einbandmaterial: Peyprint honan 130 g/m^2
Herstellung: folio · print & more, Zirndorf
Druck und Bindung: Steinmeier GmbH & Co. KG, Deiningen

Printed in Germany

ISBN 978-3-910228-19-1
www.8gradverlag.de

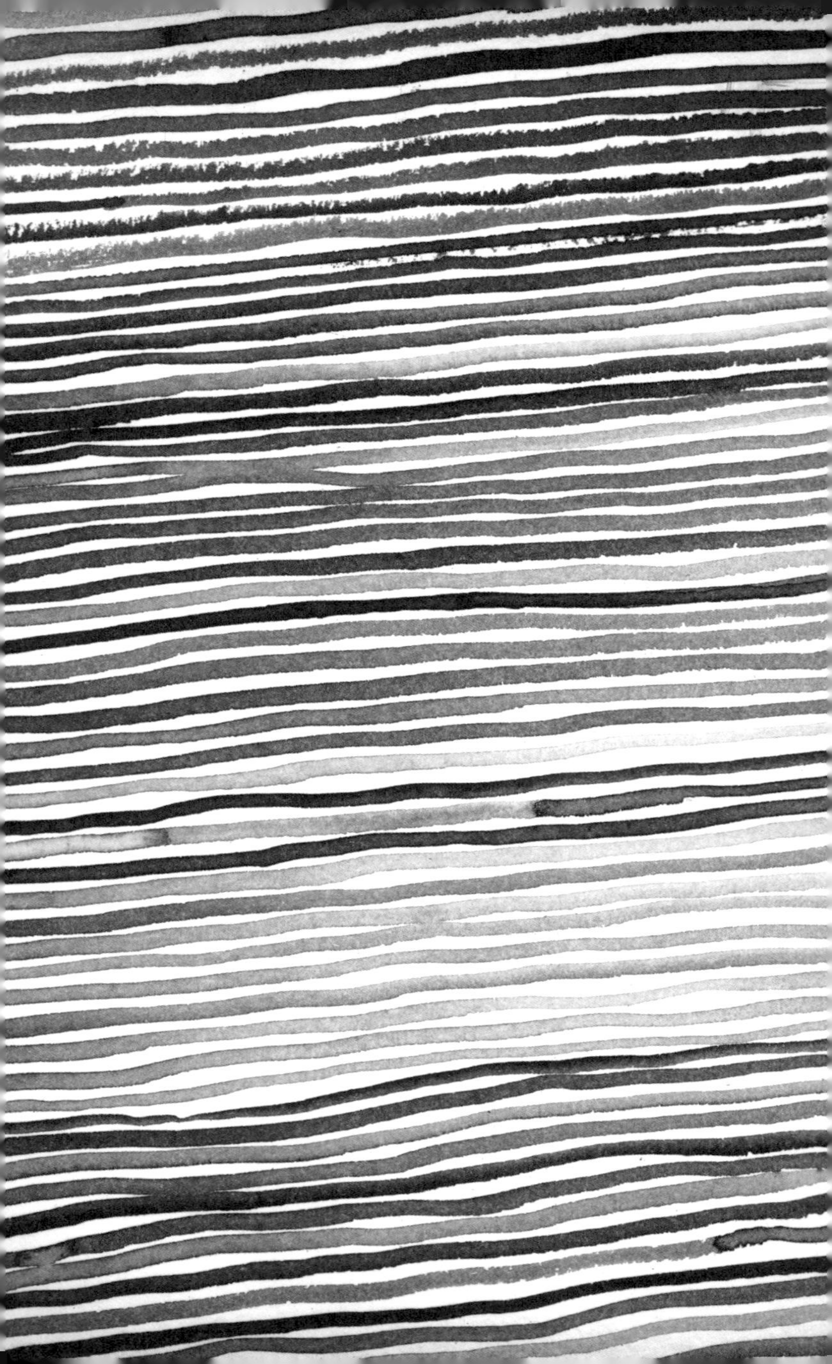